岭海风流

粤艺访谈录

广州粤艺发展中心 编

广州新华出版发行集团
广州出版社

图书在版编目（CIP）数据

岭海风流 / 广州粤艺发展中心编. —广州：广州出版社，2016.12
（粤艺访谈录）
ISBN 978-7-5462-2509-8

Ⅰ. ①岭… Ⅱ. ①广… Ⅲ. ①粤剧—文艺工作者—访问记—中国 Ⅳ. ①K825.78

中国版本图书馆CIP数据核字（2016）第297711号

书　　名　岭海风流
　　　　　Linghai Fengliu
出版发行　广州出版社
　　　　　（地址：广州市天河区天润路87号9、10楼　邮政编码：510635
　　　　　网址：www.gzcbs.com.cn）
责任编辑　康　燕　蚁燕娟
责任校对　李少芳
装帧设计　广州市友间文化传播有限公司
印刷单位　广州市快美印务有限公司
　　　　　（地址：广州市横枝岗路64号大院自编9号1~4层　邮政编码：510095）
规　　格　787 mm × 1092 mm　1/16
印　　张　14.25
字　　数　203千
印　　数　1—3000册
版　　次　2016年12月第1版
印　　次　2016年12月第1次
书　　号　ISBN 978-7-5462-2509-8
定　　价　38.00元

《粤艺访谈录》编务组

前　言

随着时间的推移，老一辈粤剧艺术家和相关的从业人员大部分已到垂暮之年，珍藏在他们记忆中与粤剧携手同行的从艺经历、跌宕多姿的人生轨迹及在艺途中邂逅的人和事，对于了解粤剧历史、追寻文化记忆、启发传承思路等方面都有着较大的意义。 因此，赶在时间的前面，以访谈录的形式把他们记忆中的点滴片段记录下来，显得尤为意义深远。

广州粤艺发展中心粤剧研究部自2014年起，采访了一批粤剧演员、编剧、导演、行政干部、音乐人、舞美及关注粤剧文化的社会贤达，并组织专人对他们所陈述的内容进行整理，结集成《岭海风流》《旧雨琼花》《氍毹轶趣》三册《粤艺访谈录》付梓出版。

《粤艺访谈录》以真实记录为宗旨，除了对少量有悖于出版原则的内容略作删减，基本把受访者的言谈内容如实反映在文字之中。通过访谈实录，回顾粤剧艺术的发展道路，观照粤剧及粤剧人在不同历史时期的生存状态，探索艺术与人生际遇和社会发展的关系。

值得一提的是，笔录者在记录访谈内容的同时，对受访者言谈中出现的粤剧行业行话、背语、专业词汇都作出详细的注解，务求让读者在阅读过程中，更好地理解每一位受访者的所感所想，真切地从他们的心路历程中，感受到粤剧人对粤剧事业的执着，体会到他们为粤剧艺术不懈奋斗的艰辛。

每一段访谈结束后，笔录者被受访者对粤剧事业的深挚情感所打动，情结于衷，发之为言，期待与读者分享这份心情。遗憾的是，在本书编辑出版过程中，曾经接受采访的秦中英、新名扬、陈小汉等前辈老师不幸离世，未能见证丛书的问世，但这更加坚定了编者的决心，继续努力、坚持不懈地推进挖掘、整理粤剧传统艺术工作的前行。

另外，特别声明：一、《粤艺访谈录》中的观点，仅代表受访者个人立场，与编辑出版单位无关。二、内文提及的个别人物及事件，由于年代久远，稽考无从，信度有待商榷。三、限于编者水平，书中难免有疏漏不足之处，还望读者海涵。

《粤艺访谈录》编务组

2016年10月

目录

访问者简介

何车

广州粤艺发展中心粤剧研究学者，长期致力于传统粤剧艺术及广府文化的研究工作。曾担任《粤剧大辞典》“表演分编”、“舞台美术”分编主笔，并参与《广东粤剧》申报联合国教科文组织“人类口头非物质文化遗产代表作名录”撰稿、导演工作。

其著作有《戏人戏语》《戏语戏人》《此物最相思》，担任主编包括《戏脉流芳——广州粤剧团六十年剧本选》《图说粤剧》《图说粤剧故事》。

崔振强

广州粤艺发展中心粤剧研究部工作人员，原广州粤剧团演员。长期参与抢救、挖掘、整理粤剧传统艺术，先后参与《戏人戏语》《戏语戏人》《图说粤剧故事》《龙虎武师三百载》等书籍的编辑出版工作。

访问日期：2014年4月25日
访问地点：广州粤剧大院
受 访 者：陈笑风
笔录及整理：梁嘉琪

『桃花依旧笑春风』

——陈笑风访谈录

陈笑风，原名陈拔英，曾用名陈万峰、陈啸风，广东东莞望牛墩人。出身戏剧世家，父亲陈天纵是粤剧和电影界中集编、导、演于一身的艺术家，妻子梁瑞冰、二弟陈中坚、三弟陈万钟、四弟陈万千、五弟陈金石、大妹陈小茶、二妹陈小华、三妹陈小莎均从事粤剧相关工作。陈笑风曾就读广东大学建筑工程系，后辍学回东莞务农，1943年转学粤剧，专攻小生行当。

20世纪60年代前期，陈笑风先在广东粤剧院做主要演员，后在广州粤剧团二团、春风粤剧团担纲主演。首本戏有《宝玉哭晴雯》《梁山伯与祝英台》《绣襦记》《朱弁回朝》《王大儒供状》《六号门》等。并有《山伯临终》《锦江诗侣》《双桥烟雨》等曲目在曲坛传唱。他是粤剧流派唱腔"风腔"的创始人。

1986年陈笑风移居美国，积极参与香港基督教灵实协会及其所属慈善机构的慈善活动。他在香港创办"春风艺苑"，任"风腔叙研会"主席，致力于教授、传播粤剧。

何　车：大哥，很高兴你在百忙之中来到粤艺发展中心接受我们的采访，在这里我代表粤艺发展中心感谢你，谢谢！

陈笑风：不客气！

何　车：很多读者与观众都很想知道你的从艺经历，最初为何放弃广东大学建筑工程系的学业，而去演戏呢？

陈笑风：三个字：为生活！

何　车：不会吧，那时你父亲①已经成名了。

陈笑风：那时正值抗战时期，我们七兄弟姐妹（后来才有排行最小的陈小莎②，那时还没有她）逃难回到乡下。我们三兄弟耕田，我们只有两亩田，还好就只得两亩田，不然就变成了大地主了，那就很麻烦了。耕田的希望禾盛，我由一个完全不懂耕作的人，变成了“秀才耕田”，学会摇橹大船去买粪水，用作农田施肥，我们三兄弟把施肥、插秧等农田功夫全都做过。禾苗远看长得很好很旺盛，但等到收割的时候却发现禾都长虫了，原因是我们不懂田间管理，施肥施得太多，结果失收了。之后，父亲找了一间小铺，叫我们三兄弟做点小本生意——卖熟烟和盐，赖以为生。怎知卖烟烟发霉、卖盐盐生虫，后来当补习教师，教了四个学生，他们四个年纪都比我大。

何　车：你投身到戏行，是不是受你父亲的影响呢？

陈笑风：不是，也不是他安排的。当初为何要读大学呢？因为我是东莞人，属于比较富有的族群，祖上建了个明伦堂，规定给每个读大学的子弟发放补贴，有二十四元军票③，起初我觉得既有书读又有补贴挺好的，但后来发现这些补贴只能维持伙食，其他如购买书籍、开展业余生活等方面的费用未能解决，当时我不想要家里补贴，加上学校的师资也不怎么样，因此就没继

---

① 陈天纵（1903—1978），粤剧编剧家及电影编导。作品有《贼王子》《危城鹣鲽》《冷面皇夫》等。曾在电影《南海潮》中饰演高仁利一角。

② 陈小莎（1943—2009），陈笑风胞妹，广东粤剧院演员、导演。

③ 指日本侵华时期由日本军方发行的货币。

续读下去了。我在广东大学工学院的建筑工程系读书时。数理化比较好，但从没有参加学校里关于艺术方面的活动，只是写过一些散文来投稿。

陈笑风年轻时照片

1943年在大东亚酒店天台游乐场[1]工作，音乐家易剑泉[2]与我父亲有交情，将一个粤曲茶座交给我父亲打理，父亲就让我去负责管理。我的工作就是每天差不多打烊的时候，去办公室拿钱去分给那些“唱脚”[3]和音乐员。经过这个时期的耳濡目染，我就学会了椰胡和扬琴，从此就与音乐结缘。那时候，一般在开场前和散场前，那些歌伶还没到场的时候或是观众较少的时候，我妹妹陈小茶[4]就会上台演唱，后来我也学她那样上台试唱。有一天日场，著名男花旦吴惜衣[5]听到我在台上演唱，就对我说：“阿峰，你的声线不错，你以后到我那里唱吧，星期天有个《抢仔》[6]排场戏，你过来演吧。”于是我就过去扮演戏中儿子一角，吴惜衣教我“口白”“水波浪”[7]等表演基本常识，由于我念过书，就写了几句“中板”给自己唱，怎知临出场就忘记了第一句曲词，接着第二句、第三句曲词都忘了，但锣鼓打响我就要出场了。于是硬着头皮唱了一段“无字曲”[8]，好在台下的观众没有起哄，就这样

① 20世纪20年代，设在广州长堤大马路上的大东亚酒店天台游乐场，是当时广州最热闹的地方，戏剧、杂技、魔术、游艺等活动一应俱全。

② 易剑泉（1903—1972），著名粤乐作曲家。

③ 广府俗语，此处特指唱曲的曲艺演员。

④ 陈小茶，陈笑风胞妹，广州粤剧团花旦。

⑤ 吴惜衣（生卒年不详），20世纪三四十年代著名粤剧男花旦。

⑥ 粤剧传统表演排场。

⑦ 粤剧常用的表演程式。

⑧ 这里指哼唱没有曲词的曲。

我蒙过了那一场戏。

何　车：你那时的名字是虎啸的那个"啸"，叫陈啸风吗？

陈笑风：不是，还没到那个时期，那时用我在读书时期改的名字，叫陈万峰。

何　车：那什么时候才改称"陈啸风"的呢？是不是易剑泉帮你改的呢？

陈笑风：在我做了文武生后，要过埠演出，就改成"陈啸风"了，因为我是文武生，要威武，这名字的寓意是"虎啸生风"。

何　车：那后来再改"桃花依旧笑春风"的那个"笑风"是你自己的主意吗？

陈笑风：不是的。之所以改为"哭笑"的"笑"是有段故事的。当时我去越南堤岸[①]演出了半年，再去新加坡、马来西亚演出，前后共三年。1952年回香港后，就和谭兰卿[②]这位老人家合作。她曾经做过"六肥班"[③]，和我合作那时她已是女丑生，而不是正印花旦了。她之所以找我合作，可能是因为我年轻有朝气。谭兰卿这位姐姐很有料，她演戏很出色，她演《癫婆寻仔》那一类的戏，找我就对了，因为她就是找"仔"嘛。有一天，她对我说："阿风，你要改名！你一定会扎[④]的！"我说："为什么呢？啸风这名字多威风啊！"她说："你这个'啸'呢，不是每个人都认识。"这倒是真的，我在越南的时候，有些观众就叫我"陈肃风"或"陈嗅风"，不是"肃"就"嗅"。

何　车：哈哈哈，不是"肃"就是"臭"（粤语中"嗅"与"臭"音相同）！

---

① 越南胡志明市（西贡）古老的街区，华侨多聚于此。

② 谭兰卿（1908—1981），原名谭瑞芬，著名粤剧演员。20世纪30年代曾被誉为粤剧"四大名旦"之一。

③ 20世纪30年代由粤剧班政家冯少泉组建，由谭兰卿（正印花旦）、梁醒波（文武生）、少新权（丑生）、张舞柳（二帮花旦）、张醒非（小生）、梁冠南（武生）六位身材健硕的主要演员组成。

④ 戏班背语，意思是艺人提升职位或受到观众欢迎。

陈笑风：有些人就大胆叫，有些人就不敢叫，观众来看你演戏，也不会说看“陈肃风”或“陈嗅风”演出的呀。但是何非凡[1]就人人都叫得出他的名字，观众都会说：“我今晚看‘凡仔’演出。”谭兰卿说：“如果像你这样，那就吃亏了，一般观众的口口相传对演员的知名度提升是很重要的。所以你就要改名，以后才能扎得起。”后来我爸爸从广州去香港看我，说卫少芳[2]想找我，我就对他说起六姑（谭兰卿）讲过的那番话。他亦觉得有道理，就想“啸”和“笑”同音，我是当小生的，改了“笑”字，就不会显得那么恶了，所以我的艺名就是这样来的。

何　车：哦，原来有段这样的故事，你的名字是四叔（陈天纵）改的。

陈笑风：是的。

何　车：这个名字真好，怪不得一改名就扎了，不如帮我也改一个吧。

陈笑风：哈哈哈。春风剧团的“春风”两字是华嘉[3]改的。

何　车：那是为你而改的吧？

陈笑风：他说“春风吹又生”嘛。

何　车：我估计他想你是陈笑风，再加之“桃花依旧笑春风”，所以用“春风”来做剧团的名字吧。在艺术上你爸爸对你有没有影响呢？

陈笑风：有！早前他读完卜卜斋[4]就去了香港，在香港开始办学校，办了国风书院、天纵书院，一家在香港，一家在广州。

---

① 何非凡（1919—1980），原名何贺年，著名粤剧演员。独创粤剧流派唱腔，时人称“狗仔腔”或“凡腔”。代表作《情僧偷到潇湘馆》。

② 卫少芳（1908—1983），著名粤剧女演员，原名卫爱珍。20世纪30年代曾被誉为粤剧“四大名旦”之一。

③ 华嘉（1919—1996），原名邝剑平，时任广州市文化局党委书记、局长。

④ 私塾是旧社会一种开设于家庭、宗族或乡村内部的民间幼儿教育机构，广东人习惯称之为“卜卜斋”。“卜卜”，广府话发音像老师敲打学生的声音；“斋”指读书的地方。

何　车：天纵书院，用他自己的名字来做书院名。

陈笑风：他说“天纵之多情”。

何　车：怪不得你那么多情了。

陈笑风：不是，是他多情。

何　车：哈哈哈。

陈笑风：他的情不是那个意思，是从一句古语引出来的。后来不知道为什么他又做了编剧，他编剧的水平在剧坛也是首屈一指的。

何　车：我知道，是“马老大”[①]找他嘛，“马老大”没了他不行哦。

陈笑风：马师曾对订他的班主说：“你订我，要先订陈天纵，订了他，你才来找我吧。”

粤剧著名编剧家、电影明星陈天纵（摄于1959年）

何　车：这很难得，如果现在那些老倌都是这样就好了，“你先订何车吧”，那就是先订我了，哈哈哈。

① “马老大”，指马师曾（1900—1964），20世纪三四十年代著名粤剧演员，粤剧“马派”艺术创始人。

陈笑风：一定找你啦。

何　车：哪里哪里。这个是当时历史环境使然，所以我就觉得四叔在这方面真是很有才华的。

陈笑风：我又觉得奇怪了，粤剧编剧的技巧其实他很多都不懂的啊。

何　车：你是替他谦虚了，如果什么都不懂，别人又怎会找他呢？

陈笑风：最初他连最普通的"二黄""中板"都不知道，也不懂得唱。后来他就找别人的剧本来研究，看哪里要押韵，哪句是要仄声，哪句是要用平声，就这样印着模子来写曲。

何　车：我发现，凡是自学写戏多数都是这样的。因为我们粤剧行中没有"戏文系"毕业的。

陈笑风：他有时会谱写一些新的小曲，那些小曲就是后来的"生圣人"[①]。他总是想着想着就会撰写一些很有特色的小曲，不知道这算不算是艺术细胞呢？

何　车：这真是"天纵之才"，如果没有艺术细胞怎么写得出来这么好的剧本呢？

陈笑风：对的。第一部由西方电影改编的粤剧就是他的《贼王子》了，原名是《八达城之盗》。

何　车：那四叔写了那么多戏，有没有专门为你写戏呢？

陈笑风：专门就没有。

何　车：怎会没有呢？

陈笑风：他写给曾三多、陈非侬的《危城鹣鲽》，是后来我回来以后，唯一演过的他写的一套戏。

何　车：唯一一套你演过他的戏是《危城鹣鲽》，《贼王子》你就不想演啦？

① 指在新编粤剧中新创作的小曲。此词最早由薛觉先提出，由于艺人并不熟悉新作的小曲，要在短时间内熟悉曲目，薛觉先便说："就算我是'翻生圣人'都难以应付。"

陈笑风：呵呵。

何　车：哈哈哈，这种戏不好"捞"。作为一个那么有威望，那么有才气的四叔，集编、导、演于一身，肯定对你的成长有些影响的。那我想换一个话题，你是"陈老大"，家中的大哥，你以下的兄弟姐妹都是做这一行的，陈万千、陈小茶、陈小华、陈小莎，到现在的陈万忠、还有在香港演戏的陈金石，全家都是做粤剧这一行，那你对他们入这一行有没有影响呢？

陈笑风：我想主要都是生活上的影响。我入了粤剧行，是卫少芳订我回广州的，因为她没有看过我演戏，第一个戏还没有完全信任我，最初是演《白蛇传》，派我演鹤童。

何　车：厉害啊，有打戏表演。

陈笑风：我出场就"走边"[①]，结果观众接受了，第二套戏就由我担纲演出了，我就是这样过来的。过了一段时间，我就和小茶一起合作搞百花剧团。

何　车：自己主持办的？

陈笑风：是的。其他兄弟都陆陆续续入行，不是跟我的，主要是进这一行比较容易些吧，因为父亲也在行内，可以关照一下。

何　车：也不光是你父亲的原因，你也关照他们吧。

陈笑风：大家给面子吧。

何　车：现在没有当时那种环境，全家都是做这一行，而且都有成就的，陈氏家族、陈家班是比较出色的。

陈笑风年轻时扮相

① 京剧表演程式，表现身怀武艺的剧中人轻装潜行，是武戏演员的基本功之一。

陈笑风与陈万忠（右一）、陈小茶（中）、陈小华（右二）、陈小莎（左一）合照（摄于1983年）

陈笑风：陈小莎是导演，陈小茶是著名演员，陈小华也是。还有“孥厘福”、罗君超[①]他们。

何　车：我在东莞博物馆看到有个陈氏家族的专栏，十分厉害。我在1962年开始认真看你演戏的，当时你在春风剧团。我看了很多你主演的戏，差不多凡是你主演的戏都看过，那时你当然不会认识我了，我是站在“虎度门”口看戏的。我有几个问题，其实观众也想知道的，你那支《山伯临终》全世界都会唱，并且有学者研究过，为什么陈笑风唱就能流行，李向荣唱《云雨巫山枉断肠》[②]就不流行。我想知道，你为什么会把曲牌拿来套用

① 孥厘福，指孔壮志（1931—2007），广州粤剧团演员，陈小茶的丈夫。罗君超，广东粤剧院演员，陈小华的丈夫。

② 澳门曲艺唱家李向荣演唱的首本名曲。

呢？是你的主意还是静公杨子静[1]的主意呢？

陈笑风：《山伯临终》的问世，是因为当时北京的中国唱片社来到广东，说要制作八张78转的黑胶唱片，那时算是最新的产品了。

何　车：当时是一元一张。

陈笑风：他说一张碟[2]有两面，其中一面由我负责，当时我正和“仔姐”郎筠玉[3]合作演《梁山伯与祝英台》，是静公的作品，那出戏里面是没有主题曲的，当时还没有《山伯临终》这首曲。那天我和静公聊天，我说：“静公，现在有机会了，中唱找我录一首曲，你有什么主意？”他说：“你呢？你有什么想法呀？”我说：“我最近正在演‘梁祝’，梁山伯临死之前应该回忆起过去很多事情，在那个环境里面通过演唱去抒情可不可以？”他说：“好！就写这个题材。”那我接着就提出两点想法：第一，我希望静公把这首曲的文词写得很美，可读性要高，就是说光看文字，别人都会喜欢它，就像一篇抒情性的美文。他老人家这方面是很出色的。第二，我希望全部用“梆黄”[4]，因为当时很多主题曲都是一段小曲接着一段小曲，我认为“梆黄”最能表现演唱法的风格。当然，同一首小曲，每个人的唱法都可能有所不同，但“梆黄”的唱法是最能突出唱法的个性。他说：“好吧！”过了两天他打电话给说：“我交稿了。”

何　车：吓，这么快？

陈笑风：真的是两天左右。他第一句就说：“怎样唱是你的事，不要问我。”我马上就拿来看，里面有很多对偶句和排比句，如果按一般习惯演唱，会唱成一首平淡无奇的曲，于是我就

---

① 杨子静（1913—2006），广东粤剧院著名编剧。

② 广府俗语，即唱片。

③ 郎筠玉（1919—2010），著名粤剧演员，曾主演《平贵别窑》《仕林祭塔》《春香传》等剧。

④ 分指梆子和二黄，粤剧常用板腔。

花了很多心思去研究和琢磨。录音出了唱片后，我无论如何都想不到这首曲的影响会这样大。

何　车：后来不会讲广州话的人都会去学唱这首曲。

陈笑风：何贤[1]先生跟我说，新加坡的那些“番书妹”[2]，读英语的嘛，她们不懂中文的，但她们都学唱，需要译音，要译成广东话字音，她们连曲都不懂。这首曲影响很大，就连欧洲那些社团都唱这个曲。还有几件事对我鼓励很大，有些是我最近才知道的。第一件事和任姐（任剑辉）有关，她当时正在拍那些“七日鲜”的电影，就是那些古装的广东话的歌唱片，那时有两个摄影棚，同时开机拍两个戏，都是拍任姐的戏。总之你一叫醒她，跟她说这边已摆好位了，她就来这边拍片，那边摆好位了，她又去那边拍。有一天，别人叫她：“任姐，到你啦。”她说：“等一下！”原来她正在听我唱的《山伯临终》。她说：“我听完再拍。”她老人家的表演艺术我是十分佩服的，她也很欣赏我这个年轻人。第二件事发生在1979年，那时我已在春风剧团。

《山伯临终》剧照

何　车：那就是“文化大革命”以后的事了。

陈笑风：是的。当时何贤先生要组一个剧团，通过“中联办”[3]，他找到了广东粤剧院，由广东粤剧院组织一个剧团，用

① 何贤（1908—1983），知名爱国人士，其家族是澳门三大家族之一，他特别喜欢看粤剧、与粤剧艺人交朋友。

② 自小在国外长大，受外国教育的中国少女。

③ 中央人民政府驻香港联络办公室简称。

“广东粤剧团”的名义去香港、澳门和新加坡演出。那时去这些地方就叫“出国”了，因为港澳还没有回归。何贤先生说一定要找我参加。那时候我在市属团体，参加省团演出是影响很大的一件事情。

何　车：是借到省团去了。

陈笑风：结果我就参加进去。先去香港，当时安排一个新的长剧不容易，有那么多演员，所以开始都是排些折子戏。鉴哥[①]演《蝴蝶杯》的“藏舟”，我唱《山伯临终》。《山伯临终》原来是一首曲，我就找静公把它编成一个短剧。那时我对他提出了一个要求，我说近来很多朋友见到我，都说喜欢听我的“南音”，看在曲中可否加一段“南音”。后来他就加了一段“南音”，编成了短剧版的《山伯临终》。第一晚演出，演到最后梁山伯躺下就算演完了，这时全场都安静了，还没有亮灯。等到我起来谢幕的时候，全场都在鼓掌。我看到一位观众站起来鼓掌，后来亮灯了，一看原来是新马师曾[②]。

何　车：哦，是祥哥。

陈笑风：是的，他站起来用力地鼓掌。这个场面令我很感动，我知道祥哥的为人，他的艺术造诣很高。

何　车：肯定啦，香港首屈一指的文武生，没有谁的艺术能令他信服。

陈笑风：就是咯，他那么看得起我，没有人能强迫他起来鼓掌的。

何　车：这是惺惺相惜啊。

陈笑风：是的，这个场面对我的鼓励好大啊。还有一件事

---

① 罗品超（1911—2010），原名罗肇鉴，著名粤剧演员。行内尊称他为鉴哥或鉴叔。

② 新马师曾（1916—1997），原名邓永祥，香港著名粤剧演员。首本戏是《万恶淫为首》《胡不归》《光绪皇夜祭珍妃》，他热心慈善事业，香港媒体称他是“慈善伶王”。

我也是后来才知道的，就是曲艺界首屈一指的艺术家梁以忠[①]先生，现在他已经去世了。

何 车：是的，梁素琴[②]的父亲。

陈笑风：据说他曾经讲过，这首曲（指《山伯临终》）“只应天上有”。

何 车：“人间能得几回闻”。

陈笑风：有人说他的小女儿[③]是在香港警界工作的，现在唱平喉，她很小的时候就在趟栊[④]里头唱《山伯临终》。

何 车：“泪似帘外雨”，哈哈哈。

陈笑风：我还问过转告我的那位朋友，这是不是真的。他说，是当时报纸刊登出来的。这是对我的鼓励。那就是说这首曲在全世界都有影响。

陈笑风与麦玉清演《六号门》

何 车：是的，因为曲的传播是没有束缚的，通过电波传播比较广。现在很多人学习“风腔”，我最近在电视上看了《朱弁回朝》，我看完不是很满意，他只是演“风戏”而不是唱“风腔”。我长期“偷师”[⑤]学习，看你演《六号门》的折子戏“胡二卖仔”，最感兴趣就是你唱那段【长句滚花】。那段【长花】的处理，一到高音，你就用假嗓偷

① 梁以忠（1905—1974），粤乐名家，精通撰曲、谱曲、演唱及熟习各种乐器。

② 梁素琴，香港粤剧花旦及电影明星。

③ 指梁之洁，毕业于香港中文大学，曾在香港电台和商业电台任职。

④ 古老的西关大屋的第二层门，能起到防盗的作用，夏天可作通风之用。

⑤ 指自己通过观摩别人表演、暗地里偷偷学习。

得很有韵味。所以我认为要学“风腔”，就要学你使用真假嗓转换自如的技巧，现在你的徒弟学了你很多戏和曲，但真假嗓的这个转换方法、演唱技巧，要真正掌握就有一定的难度了。

陈笑风：不愧为何车，真厉害。

何　车：呵呵呵。给我很深印象的还有你的《朱弁回朝》，那时候我就觉得很奇怪，出场唱【长句二流】怎会转了用【乙反长句】，我写曲就从未写过【乙反长句二流】，我知道张法刚[①]曾经试写过，不过那是几十年后的事了。那时我很感兴趣，你为什么会用【乙反长句二流】去唱呢？是你想出来的，还是郑厚、文九[②]他们想出来的呢？

陈笑风：这些曲调的变化多数都是我自己探索的，我比较重视理论，由理论去指导实践，第一，我要演人物、唱人物，所以就不会去卖弄声线，我练声不仅用高音，有时候用过渡音、装饰音，这样演唱就会有韵味，没有了它，就差得多了。

何　车：但不是那么容易掌握的啊。

陈笑风：是的。很多人对我说：“我真是很喜欢听你的演唱，总之一有空我就听你唱粤曲。”那我就问：“你那么喜欢听，那你有没有唱一唱呀？”“没有，不是不想唱，而是我也唱过，但录音后一听，对比你的演唱怎么我唱得那么难听呢！但是我喜欢听你唱啊，我现在依然是你的Fans（歌迷）啊。”多数人都这样讲。

何　车：我也有同感，他们还有胆量，唱你的曲还录了音。我就只是听你唱，但绝不敢学你唱，我是知难而退，我知道自己不行啊，呵呵呵。其实很多人都有这种感觉，包括现在的发烧友，“大哥”的粤曲好听！但要学得很到家就比较难了，我觉得主要就是他们没掌握到风腔的窍门和方法。不怕得罪说一句，包括你现在的爱徒晓毅，都还没有掌握好风腔的演唱技巧，未上升

---

① 张法刚，粤乐名家，曾主编《粤曲写唱入门》一书，此书被誉为粤曲学习必备之标准教材。

② 文九，广州粤剧团著名乐师文卓凡的绰号。

到这个层次，他现在学你的发口，特别是那些鼻音，怎样前置，再出来用舌齿音，那些他都学得很像，但要真正高低自如，一上去就要“偷”，“偷”薄它，然后假嗓上去再收下来用真嗓，这就不容易了。

陈笑风：现在就是这样的情况，我讲出来不知道你认不认同。我收了徒弟，就没有吝啬自己的东西，或者故意保留一些不教。我是原原本本地讲，但是最后我讲一句：第一，我讲多少，你听不听得全、记不记得全是一个问题；第二，你听全了，那些东西还不是你的，有可能随时还给我的。因为你要实践，每个人的喉咙、口腔，都是有一个舌头、两个扁桃腺，但是整个口腔的容量和活动情况是完全不同的，没有人是相同的，生理上是这样。包括鼻腔，我的鼻子不畅通的时候会不同，鼻子过敏，唱起来就辛苦一点，就一定要自己实践，原来这里把声音抽上去一点，这里的音挪后一点，或者这里有个装饰音，不管你听得多清楚都好，还是要你自己去掌握。一般来说是在“附点”那里就要吸气了，我演唱就不是这样，有时应该偷气时我不偷气，而在不是偷气的地方不“抢气”，我是为了角色的特定情绪，是要把声音唱腔拖到气差不多用完了，再一个回旋，吸回气了。这些我讲

陈笑风指导徒弟晓毅

了，你也要用一段时间去实践、去认识，才能变成自己的东西。

何　车：你现在讲这些，我感触比较深，因为我和晓毅排戏，在整出戏中，就是跪在公堂上唱的那段“中板”“想我王大儒……”那一段最像你了。还有，他彩排时像，但演了三五场后，我一听怎么就走样了呢。我绝对不怀疑你，我知道你是逐个字、逐个腔、逐句去教他的，这很难得。所以学习过程中，特别是唱腔流派，要深得其精髓。

陈笑风：我就没有特殊的腔。

何　车：你别说你不特殊啊，你好特殊的呀。

陈笑风：我不是这样的腔哦，马大哥[①]就“呀、呀、呀……”，你一听这种发声就知道是马大哥了。

何　车：你一转身，我也听到你那些很特殊的唱腔呀。

陈笑风：你知我心哦！

何　车：你看，虾哥[②]演戏就是“唏、唏、唏……”，你演戏就先弹钢琴[③]的，哈哈哈。这些都是必然的，每个人都会形成自己的表演特点和唱腔特点，之所以成为一个流派，它肯定有自己流派的特点。所以我觉得现在跟你学习的学生都很幸福，因为得到你全心全意的教导。

陈笑风：我真是毫无保留的。

何　车：是的，不像现在某些人，最后那点“上树”[④]就不教了。

有些做男角色的、演小生的演员，又去教打武旦，那他教什么技艺呢？

---

① 马大哥，指马师曾。因其在家中排行老大，故称“马老大”或“马大哥”。

② 虾哥，指罗家宝（1930—2016），著名粤剧演员。他的唱腔自成一家，人称“虾腔”（因他的乳名叫阿虾）。

③ 此语调侃陈笑风的舞台表演习惯做手。

④ 出自歇后语“老虎追得猫上树——多亏留了一手”，指师父教徒弟，留了一手。

有一件事情我想请教你，在艺术方面，大哥你固然到了一个很高的高度，真的，不用太谦让，你看，全世界都唱你的曲，又不见他们唱我的曲？哈哈。很多人现在名成利就都会做善事，包括“芳姐”芳艳芬[①]也做善事，而你做善事也做得奇怪，我想你介绍一下为何你做那一类善事呢？我第一次听说，很少人能关注到，虽然中国人很传统，讲“慎终追远”[②]，但我觉得做到这一条真是很难得。

陈笑风：我2002年回来之后，就开始在香港为“灵实”[③]属下慈善机构筹款，现在已经有很多基金支持它了，当时我觉得我应该做一些事，自己已经退休了，想想唱曲也是一种乐趣，如果这种乐趣还能够做一些善举，我觉得非常好。

何　车：对社会影响也好，起码我个人感觉，不单只是为个人做事，更是为粤剧这一行做事，你在外面的身份是代表粤剧这一行。人家说，陈笑风做“灵实”、做临终关怀、做好事啊，他们讲你是粤剧行出来的，原来粤剧界都那么关心社会的，这就不单单代表你个人了，这方面我很钦佩你。

陈笑风：因为我已经退休啦，也不是说我“大把货”[④]。

何　车：我也退休了，我也不是“大把货”，但我就是想不到啊。

陈笑风：呵呵呵。有一次我和钟锦蓉女士去欧洲玩，当时不知道她为什么会带了为“灵实”筹款的宣传单张去唐人埠（华人在国外聚居的地区），她要求那个餐厅给我们贴一张宣传单张。其实那些单张上的演出已经过时了，只不过是把筹款活动扩大

① 芳艳芬，原名梁燕芳，香港著名粤剧演员。她的唱腔自成一派，人称“芳腔”，且被誉为“粤剧花旦王”。代表作有《董小宛》《六月雪》《洛神》等剧。

② 出自《论语》，旧指慎重地办理父母的后事，虔诚地祭祀远代祖先。后也指谨慎办事，追念先贤。

③ 香港一所医院，由挪威女传教士司务道创立于1955年。该医院以老人服务及善终服务为主。

④ 广府俗语，“大把”是指很多，货喻钱财，“大把货”即指有很多钱财。

宣传一下。结果有人发现我来了，就打电话去电台、电视台，问欧洲的唯一中文电台、电视台："陈笑风来了欧洲，为什么你们没有报道呀？"接听电话的那个人原来在广州电视台工作过。他说："吓？陈笑风来了？不行不行，我要找他访问。"他就到处找我们住在哪里，打电话给我说："我们做个访问好不好呀？"我说："好啊！"就这样开始为"灵实"筹款做善事。我觉得如果做得好，就不只是我做了件工作，还间接让很多患者受益。现在"灵实"做得很好啊，他们有很多奇特的想法，他们注意到有些癌症患者，垂头丧气，丧失生活信心，"灵实"就组织他们学画画、学唱歌，这样让大家心理更乐观。

何　车：情绪释放出来，不要老想着自己的病，不要有心理负担。

陈笑风：意思就是这样，所以，他们还提倡化妆，让人看上去都不要太愁眉苦脸。"灵实"这样的工作取得了一定成效。

何　车：这方面我很佩服你的，陈老师，真的！

陈笑风：我在欧洲做了一段时间，法国、荷兰、德国柏林……现在就在凤凰电视台做了，他们对我们帮助很大。

何　车：主要都是对哪些华人呢？

陈笑风：我去哪里都是先找那些社团的。

何　车：民间那些？

陈笑风：和他们聊天，然后再认识当地的侨领。

何　车：哈哈哈，那你肯定要"打侨领的荷包"了……

陈笑风：大多数海外华人都是做餐饮业的，不是很有钱。当然有些就发达了。我自己就很开心，能够做这件事情，我不一定要募集很多善款，这只是一个传达爱心的宣传。"灵实"最初是五十多年前由两个修女在香港调景岭，俗称"吊颈岭"那里创办的。

何　车：那时国民党败退的军政人员住在那里。

陈笑风：她们搭棚收留那些患肺病的病人，那些病人，知道自己患的病会传染给家人，所以能够去的都去那里了。

何　车：就好像麻风院一样，把他们隔离了。

陈笑风：没错，就这样一路走过来的。

何　车：为善者最乐。

陈笑风：是的，我们去欧洲，在德国的老人院，当地那些活动的侨团去表演中国舞，我又唱支小曲，这样娱乐一下那些病人，他们聚在一起听，感到很高兴。有些病人坐轮椅上面下不来，表演完和我们一起搞活动的当地侨团就说我们上去见一见那些病人，切蛋糕给他们吃。上去以后，我就喂一个坐轮椅的病人，我不会讲德语，最初就善意做手势，他没表情，我就笑着夹了一些蛋糕放进他的嘴里，他就看看我，终于开口了，慢慢把整块蛋糕吃完。使我感动的是最初他不知道你干什么，面无表情的，到后来他吃完了蛋糕，眼角就有点泪水。啊，我很感动，觉得虽然我只是做了一个小动作，但却使他这一刻感到人间的关怀和温暖。

何　车：人和人的沟通很重要，虽然是不同的种族。

陈笑风：是的。

何　车：人需要交流，特别是老人家、病人，更需要别人的关怀和交流。我觉得大哥你在这方面是做了很多善事，所以“为善者最乐”，你这句是真话。

好了，我知道你有很多采访任务，有很多介口①的，我就想再问一个问题，你的生活经历，你的艺术人生那么丰富，你有没有打算自己提笔写一本书让我们看看呢？

陈笑风：我很想，我很想留下一些东西给别人骂的……

何　车：不是，不是留下来给人骂，是留下一些东西启示、启迪别人，无论生活也好，艺术也好。

陈笑风：有人会骂你自认了不起的。

何　车：你不叻还有谁叻呀？

① 戏行术语，原指剧本里有关动作、表情、效果等舞台提示，后引申为机会、条件或泛指某件事情的含义。

陈笑风：不是的，例如《山伯临终》这首曲就有人说我是抄别人的。

何　车：不是，呵呵。

陈笑风：就是因为香港有……

陈笑风与卢秋萍合作演出《绣襦记》

何　车：李向荣的《云雨巫山枉断肠》

陈笑风：是啊，其实我完全没有这些心思。

何　车：呵呵呵，有都是杨子静的。

陈笑风：我相信杨子静也没有这样想的。因为“引白”开始到二黄这些套路很简单的，有什么抄不抄呀，是吧？！以前肯定是这样的模式。

何　车：但是难就难在这里哦，我算你原来是印模啦，你那首就“（流）行”，他不“（流）行”啊，哈哈。

陈笑风：你要加这个帽给我戴我就不舒服了。

何　车：沈秉和[①]大篇文章拿出来对比的呀，真的呀，他还分析原因，为何陈笑风唱就红，为何那首就……

陈笑风：我到现在都不知道原因。

何　车：哈哈哈，所以我就是想问，你为何不出书，不写这段经历，我们觉得有些遗憾。

陈笑风：我不主张这样，所有都是由静公发挥的。

何　车：还有生活经历，很少人能像你那么厉害的，卖盐都生虫，好难的呀，呵呵。

陈笑风：那是。

何　车：那你写出来嘛。卖盐都生虫，盐是杀虫的，你卖却生虫，很有成就感啊，你一定要写出来，让观众知道原来陈笑风是耕田的。今天澄清了很多事情，以前说你正在读书，有书不读，走去做戏，又说你唱曲，原来都不是，是去做“资本家”，去做收银的，做完“地主”去做“资本家”。哈哈哈，“文化大革命”放过你了，揪你出来没有这一条“罪状”。所以我真的很希望你能写出来。

陈笑风：好，这个建议非常好，我也正在考虑。

何　车：其实你心里想了好久的啦，不过让我说出来罢了。

陈笑风：老是想说，等于人家说老是想唱“风腔”。

何　车：你不用求别人嘛。

陈笑风：我自己有什么能力，何德何能呀？

何　车：你自己能写出来嘛。这一次，我是代表很多行内的后辈，包括很多读者、观众，很诚挚地向你提出这个要求的。

陈笑风：问题是这样，有很多东西是靠实践的，你说我能唱回以前那么好的声音，那还不错，但现在已经不行了。人家听了会说：“你说陈笑风好声音，但我都没有听过。”

何　车：有CD（激光唱盘）嘛，以前的《山伯临终》现在还有嘛。

---

① 沈秉和，澳门实业家、粤曲评论家，澳门瓦舍曲艺会会长。

陈笑风：《山伯临终》“（流）行”了以后，我再出过两版，但是个个都喜欢那一版。

何　车：就是旧的那一版。

陈笑风：是的，他们说：“好声啊！”

何　车：呵呵呵。

陈笑风：但我不说呢，他们可能不知道里面有变化。所以，你这个提醒更加促使我加快完成。

何　车：是的，真的要写下来。在这里我代表所有关心你的人、关心粤剧的人多谢你！谢谢大哥！

著名粤剧表演艺术家陈笑风（中）、《羊城晚报》资深记者彭寿辉（右五）、何车（左四）与《访谈录》编务组工作人员合照

访谈感悟

从小听着陈笑风老师《山伯临终》的歌声长大，优美的唱腔给我留下深刻的印象。记得小时候，我哥哥快要上小学时，学校通知每个小朋友到学校参观，当时哥哥在课室里信口唱的几句《山伯临终》，“泪似帘外雨，点滴到天明，空房冷冰冰，山伯孤零零……”吸引了一位当时路过的老师，于是他马上向校长提出：“这小家伙好可爱哦，让他来我班吧。”可见，陈笑风老师与他演唱的《山伯临终》深受老百姓喜爱，呵呵，老师爱屋及乌，惠及我哥哥。我带着儿时的记忆与感情，参与了此次陈笑风老师的访谈与文稿整理。

作为粤剧艺术家，陈笑风老师具有较高层次的文化修养和造诣精深的艺术素质，他给予我们当代的粤剧艺术从业者以深刻的启迪：除了不断提高自身的文化层次和艺术修养，走出有自己特色的艺术道路以外，更重要的是要常怀慈善之心、感恩之情，在成功路上不忘回报社会、造福他人。陈老师为香港灵实基督教协会做了大量慈善经费筹募工作。他经常到灵实的不同服务单位探望老人，为他们带去温暖，给予他们临终的关怀。陈笑风老师在艺术上取得骄人成绩的同时，放下大老倌的身份地位，热心公益，为大众服务，且坚持不懈，实属难得，他是我们粤剧界的典范，非常值得我们后辈去学习。

在访谈的过程中，令我感受至深的是，已是耄耋之年的陈笑风老师无论在艺术上还是在生活中，都表现出与众不同的儒雅风度，举手投足间散发着独特的气质与个人魅力，而他积极、乐观、豁达的人生态度也深深地感染和影响着我们新一代的粤剧人。

梁嘉琪

访问日期：2014年5月16日
访问地点：广州粤剧大院
受 访 者：陈予之
笔录及整理：陈冬琳

『黄花老圃殿高秋』

——陈予之访谈录

陈予之，广东南海人，1925年在越南西贡（现胡志明市）堤岸出生，在广东南海九江私塾读书。先后在老挝佰细中学、越南堤岸福建中学当老师，后从事粤剧导演工作。

1938年，他在越南堤岸参加越南共产党领导的“铁的剧社”，担任演员、导演。1940年参加东洋共产党（越南共产党）。1949年从越南回国后，曾在广州华南文工团一分团任编导科副科长。1957年至1958年在广州市文化局戏曲研究室工作，其间曾任中国戏曲研究院粤剧演员讲习班教务处组长。

陈予之是中国戏剧家协会会员、中国摄影家协会会员、广东省戏剧家协会会员、广东省摄影家协会高级会士。曾任广东省文联第三届大会代表、摄影家协会广东分会第三届理事。

何　车：你好，陈老师，我怎样称呼你好呢？称呼你陈老师还是予之兄，或者是陈导演呢？

陈予之：就叫老陈啦。

何　车：叫老陈？那不行！

陈予之：因为我比你老。

何　车：以前，我们习惯在开会的时候都称你为予之兄。

陈予之：要么就叫予之兄，要么叫老陈，千万不要称老师，"好为人师"不好！

何　车：予之兄，我认识你都几十年了。

陈予之：应该是六十年了。

何　车：六十年应该没有，但起码在"文革"时就认识你了。

陈予之：起码都五十年了，"文革"时我在广州粤剧团当导演。

何　车：眨眼间就过了几十年，现在粤剧舞台上，包括现在粤剧院粤剧团的人，对你来说比较陌生，但你是我们印象中的泰山北斗，我想你介绍一下自己，听说以前你不是搞粤剧的。

陈予之：是搞话剧的。

何　车：你是离休干部，不是退休人员，请介绍一下你做粤剧导演前是做什么的？

陈予之：我是做话剧的。我与第一个恩师是1938年在越南结识的，他叫汤宁，这个人的身份我始终没有问过他。

何　车：到现在都不知道他是不是安南共产党员？

陈予之：他现在已离世了。他是东洋共产党党员。"东洋共产党"是胡志明①在"第三国际"②的时候，在"第三国际"的领导下，回越南创建的党组织。东洋共产党是于1930年在广州市成

① 胡志明（1890—1969），越南劳动党（今越南共产党）创建者，时任中央委员会主席。

② 又名"共产国际"，是共产党和共产主义组织的国际组织。1919年在列宁领导下成立，总部设在苏联莫斯科，于1943年解散。

立的。因为当时越南、柬埔寨一带被称为"东洋"，所以叫"东洋共产党"。

我是1938年加入的。那时越南已经有中国共产党党员，是连贯[①]在那里发展的。二七革命[②]的时候连贯去了越南，发展了组织，当时又称"侨党"，实际上是中国共产党。后来1930年成立"东洋共产党"，中国共产党的党员都并了进去，党员既受中国共产党领导，也接受东洋共产党领导。我1938年在学校参加了话剧表演，扮演东北老人流亡诉苦。

何　车：就是《放下你的鞭子》[③]那类戏？

陈予之：表演完毕，有一个满脸黑麻麻的青年走到后台找我，问我叫什么名字。

何　车：那时你叫什么名字呀？

陈予之：那时我的名字叫陈仲照。

何　车：仲是单人旁的"仲"，照就是照亮那个"照"吧。

陈予之：对。他说我演得很好，想叫我参加他们的话剧组织，他说话剧组织里全是工人，不懂得表演，要我教他们演戏。我就答应了，加入了"铁的剧社"，那个剧社是受东洋共产党领导的。

何　车：那时你几岁？

陈予之：那时我才十三岁。

何　车：你十三岁就做导演了？

陈予之：那时是乱排的。我在剧社与当地工人排演田汉的《卢沟桥》，就闹了笑话。金山[④]1939年来看我们演出，我的恩

---

① 连贯（1906—1991），原中共中央对外联络部副部长。抗日战争爆发后，连贯任八路军驻香港办事处中共党支部书记兼华侨工委委员。

② 1923年2月7日，在中国共产党的带领下，京汉铁路工人发动的一场政治大罢工。

③ 是由田汉编写的独幕剧。该剧讲述了九一八事变以后，从中国东北沦陷区逃出来的一对父女在抗战期间流离失所、以卖唱为生的故事。该剧在抗战期间产生过很大的影响。

④ 金山（1911—1982），中共党员，电影、话剧演员。

师要我负责接待金山。听说我是“铁的剧社”的导演，他问我排了什么戏，我就请他看《卢沟桥》。怎知一拉开幕他就哈哈大笑。他说我们演的不是卢沟桥而是越南桥，因为卢沟桥是石桥，没有草的，我却搞了很多草；卢沟桥两边都是石狮子，有几百只石狮子。

何　车：卢沟桥的狮子——数不清[①]。

陈予之：最奇怪的是戏里的卢沟桥有芭蕉树，北京是没有芭蕉树的。金山是个很粗犷、爽朗的人，所以他哈哈大笑。

当时金山排了一个戏叫作《台儿庄之春》。台儿庄战役是中国人民取得的又一次大的胜利，当时周恩来是八路军办事处主任，在香港设立了办事处。周恩来叫金山组织一个抗日救亡剧团去南洋宣传台儿庄战役取得的胜利，鼓舞中国人民的抗战决心。我接待了陆之美，他就是新中国成立后珠江电影制片厂厂长陆向初。《台儿庄之春》增加了日本军阀指挥失败的情节，金山经过香港的时候看中了蓝马[②]，他认为蓝马的演技好，请他演剧中的日本军官。当时我与陆向初坐船去香港接蓝马。排戏时我帮忙搞道具，准备了一张桌子，桌子下面放聚光灯，上面放一支马灯，马灯用四根钉子固定，是蓝马吩咐我这样做的。演出时，金山召集所有演员在侧幕看蓝马表演。当演到军官接到中国飞机投下的劝降书时，他表现得非常愤怒。用手一拍桌子，说：“巴嘎呀路！”[③]表现出了杀人狂的气势。马灯在颤，桌子顿时“咯咯”地响。灯光照射到他的脸上，效果非常好。金山说：“绝啊，你们来看蓝马的表演吧！”

我第一个恩师带我加入“铁的剧社”，吸收我加入东洋共产党。我第二位恩师就是金山。他是中国救亡剧团的领导人，除了排演《台儿庄之春》外，还新排演了《民族之心》，是根据德国

---

① 民间歇后语。

② 蓝马，香港电影演员。

③ 日语中骂人的话。

席勒的文字作品《威廉·退尔》改编的。金山对我说，第一，不能像“铁的剧社”那样叫演员机械地模仿名演员的表演，要自己创作；第二，作为一个导演，不要调度演员走去哪里站去哪里，要演员按照角色的需要去调度，不要认为舞台中心才是最显眼的地方，观众的注意力集中在哪里，观众看哪里，哪里就是舞台的中心。

何　车：当时还没有舞台划分成六个演区的概念。

陈予之：是的。作为一个导演，不要指挥演员怎样表演，导演只能向演员发问，启发演员。比如，角色站在山顶那里，顶着一顶日本军官的帽子，导演就不要叫演员怎样做，而是第一要问演员站在这里做什么。演员说：“我在这里放哨。”那接着问：“你为什么在这里放哨？”演员答：“因为老百姓都在这里，我要他们向着皇军的帽子跪拜。”导演再问：“你如何截住老百姓？”演员答：“我叫他们过来。”导演问：“如果老百姓不过来怎么办？”演员答：“我向天鸣枪，老百姓就会过来。”金山说：“要让演员向导演提问题，让演员可以根据角色产生意念和行动，自主安排动作。”

何　车：你是用何种语言和他沟通的？讲越南话，广州话，还是……

陈予之：普通话！我们使用普通话交谈的，金山是讲普通话的。我参加过“娟娟剧团”。剧团团长是20世纪30年代上海“明月歌舞团”的团长，是美国舞蹈学校毕业的专家。当时回到中国有两个舞蹈家，一个叫吴晓波，他搞民族传统歌舞；另一个就是她，她办了“明月歌舞团”。当时被视为“臭名昭著”的“黄色组织”，那时的“黄色组织”出了三位很著名的音乐家，他们是写《义勇军进行曲》的聂耳、写《游击队歌》的贺绿汀、写《渔光曲》的任光。剧团里还有很多共产党员，国民党也知道的，但她说：“共产党员又有什么问题呢？他们又不会吃了我，我们剧团要靠他们赚钱的呀！”

金山老师使我学会了如何导演，是我第二个恩师。而丁波[1]是我第三个恩师，他是我从越南归国后才认识的，我之所以能够离休，就是丁波帮助我。

何　车：那你在越南的时候已经认识他了？

陈予之：我从越南回国后，就失去了所有组织关系，丁波知道我脱了党，也知道我的历史，他把我的自传汇报到中央组织部（联络部），把我的简历和组织关系转到了中央组织部（联络部），保住了我的革命工龄。

何　车：你为什么从越南回来呢？

陈予之：1949年8月，我自己组织剧团的时候产生了问题，我要去香港请演员。华南分局香港工作委员会（也称“工委”），有一个搞音乐的叫李连，介绍了几个演员给我，一个是朱克、一个是姜总宁、一个是邓祝君。我觉得这三个演员不能掩护我们，怕会暴露身份，所以我再去找电影导演苏仪，他介绍了“电影皇后”李绮年给我。于是，我同这四个人一起回到越南。到越南后排的第一个戏是夏衍写的《草木皆兵》，是反映抗日战争的戏。同时在香港时，黄谷柳写了《几家欢笑几家愁》这个戏给我。

何　车：他是黄力[2]的岳父。

陈予之：黄力的岳父，啊，你也知道他？！但我觉得第一个不适合演这么悲惨的戏，所以我就选了《草木皆兵》。这出戏场面热闹，有魔术师、日本人、交际花。怎知道当地的特务不了解朱克、姜总宁、邓祝君这三个人的身份，法国人[3]就要我每个礼拜向他们汇报这三个人的活动情况，我的恩师汤宁叫我不要去汇报。“你去了就不能回来了，这不单是你自己的事，最怕会连累到其他的革命人士，造成影响。法国人已注意了这些问题，他们是不会罢休的。”我其实也不十分了解这三个人的历史背景，不

① 丁波，时任广东省戏曲研究会副主席，后任广州市文化局局长。

② 黄力，时任广州市文化局保卫科科长。

③ 当时越南是由法国人管治的殖民地。

知道他们的历史，只知道他们是第七政大[①]的骨干。所以汤宁叫我："快点解散剧团，送他们走。你自己都要走，不要留在这里。""你可以从越南去香港，到香港后联系周平。周平是我们的党员，他1938年在上海参加了中共。"当时周平在香港，搞统战工作。

哪知我9月到了香港，找不到周平，他应周恩来的邀请去了北京工作。经过多次辗转，最后是丁波帮我理清了组织关系。那时周平去了北京组织一个叫第八机械部的汽车生产企业，那个企业是生产吉普车的。我去到香港失去了与周平的联系，刚好碰到了一个以前是中共党员的姓刘的同志，他去了北越，后来回到香港，向《华商报》[②]报到。9月《华商报》登了个启事，要刘连与我联系，我立即到《华商报》见到刘连。刘连叫我广州解放后就回去。等到10月广州解放，我就跟着《华商报》的人一起回到了广州。

20世纪50年代陈予之

回到广州，我识得的华南分局统战部部长古志坚写信介绍我去丁波那里："兹介绍陈予之同志参加你们的组织。"

何　车：那你就认识丁波？

陈予之：当时我理解华南文工团不是党的组织。

何　车：你没有把组织关系[③]转过去？

陈予之：因此我没有把自己的关系转过去。华南文工团叫我参加组织生活，我说我没有组织关系，那就相当于断了组织关系了。

---

① 抗日战争时期第七战区（广东战区）政治大队的简称。

② 1941年4月8日由进步新闻工作者在香港始创，同时得到中国共产党的积极支持。

③ 指中国共产党党员所属的组织关系。

第二次更是错上加错。我恩师汤宁派了一个同志回到南方大学学习，她知道我没有接上关系，马上叫一个亲戚回越南告诉我恩师，我恩师写了一张字条，托人带回来给我。那张字条现在还存在我的档案里。上面写着："请找伍蔡连姐姐接受家训。"即是叫我找伍蔡连接上关系，我不知道伍蔡连是何许人也。当时正在土改，我把字条交给丁波，丁波也不知道怎么办，直到土改结束，也弄不清楚伍蔡连的关系。

参加土改两年，我也脱离组织两年，算是脱党了。我心灰意冷，也没有再追问伍蔡连是谁。四五年后，我去侨务办公室登记。侨务办公室主任是伍治之，我就想起伍蔡连了。伍就是伍治之，蔡就是蔡畅，连就是连贯。最后我在丁波领导下参加工作了。

何　车：现在听你讲就像《暗算》[①]一样。我想问你在安南读书的时候是什么家庭出身？

陈予之：我不是工人出身，是资本家家庭出身的。我父亲是烂赌二[②]，亏空了法国人工厂的钱被逮捕坐监，后来病死。他被逮捕后，全部家当都被没收，所以就破产了。

何　车：现在我才明白为什么"文化大革命"那些大字报说你是越南特务。呵呵呵，你到华南文工团是搞话剧吗？

陈予之：我加入文工团后，广州市第一任市长叶剑英在交际处（即现在的广东迎宾馆）经常开晚会招待民主人士。开晚会就请文工团的人去伴舞。有一次开晚会，叶剑英和丁波、李门、郑达[③]几个负责人一起坐，我们几个导演（李文治、我、罗志雄、

① 麦家同名小说改编的谍战电视剧。

② 广府俗语，指很喜欢赌博的人。

③ 郑达（1922—？），新中国成立后，先后担任中共华南分局华南文工团副政委，广州文化局副局长，广东省文化厅党组书记，广东省政协第五、第六届常委，政协教科委副主任等职。

张忠[①])坐在第二桌，听到叶剑英说："华南文工团不仅要搞话剧、歌舞，还要加入粤剧。因为粤剧是中华民族的一个传统艺术形式，是人民喜闻乐见的，我们要用这种形式宣传党的政策。"第二天，李门马上把我、容思、尚德贤[②]三个人找去，要我们加入粤剧。

何　车：你们三个人是第一批啊。

陈予之：我们是第一批加入粤剧的人。当晚就要我们去看粤剧演出，事前约法三章，我们看粤剧，可以和粤剧界的人交流，但不能表示态度，不能评价他们的演出，不能参加他们的宴会饮食。

何　车：怕他们会腐蚀干部。

陈予之：怕我们自己腐蚀自己啊！还有，看完戏不能坐黄包车，当时我还穿"马骝衣"[③]。于是我们三个当晚就去看了一出粤剧。

何　车：看什么戏呀？

陈予之：是"花锦绣"（剧团）[④]楚岫云主演的《红娘子》。那时是1949年12月，广州刚解放几个月。最后一幕是红娘子胜利入城。

何　车：我知啦，33 32 | 3. 2 | 1 13 | 5 0 |。

陈予之：对啦。舞台上两边扶老携幼，人们扭秧歌欢呼歌唱"解放区的天是明朗的天……"，欢迎红娘子入城。

何　车：唱官话还是普通话呀？

陈予之：这一段是用普通话来唱的。红娘子带着八个手下走圆台，唱《三大纪律八项注意》。

何　车：唱完整首歌？

① 张忠，原名张桂亭，开国少将。

② 尚德贤，从事戏曲改革工作，曾在省、市戏改会和广州粤剧工作团、广东粤剧院、广州市戏曲工作室等单位任职。

③ 广府俗语，泛指军装、制服及公职人员的工作服。

④ 此处陈予之记忆有误，当时演出《红娘子》的应是"永光明剧团"。

陈予之：当时容思哈哈大笑。我听了又不敢笑。

何　车：不敢笑？最大声应该是你。

陈予之：我只是皱着眉头，尚德贤也不十分满意。看完戏回来后，我向李门汇报，我说用这首歌放在戏里不太行。

何　车：红娘子是明朝人。

陈予之：李门说，我们不要说它离谱，它是有谱的。我们不应该批评，应该欢迎；我们不应该嘲笑，而应该重视，这出戏无非是想表现对中国共产党的拥护和新中国成立后的喜悦。所以用这样的场面是由于我们没有新的剧本给他们演，古装戏里演这样的场面也是对的，是表示他们的态度。我们欢迎这样的戏，不能视之为不伦不类，要责怪我们自己没有现代戏的剧本给粤剧界去演。这是我从事粤剧工作后看的第一场戏。

后来丁波把我调到华南文艺学院戏剧部，戏剧部主任就是丁波，教授是陈卓佑，他是斯坦尼斯拉夫斯基①演剧体系的专家。我是研究斯坦尼体系的，丁波就叫我去，协助研究斯坦尼斯拉夫斯基演剧体系。另外，丁波在那里设立了“文工”训练班，要我加入“文工”训练班并兼任教务。“文工”训练班是将广东所有文工团的骨干集中起来培训。“文工”训练班的课程与戏剧部不同，大课按照毛泽东的《在延安文艺座谈会上的讲话》精神，听欧阳山②讲。

何　车：第一课肯定是《延讲》。

陈予之：陈残云当教务主任。当时我又立了一个功，他十分看得起我，后来我们成为老友。那时美术部的学员在光孝寺的大肚佛屁股的小孔里寻到了一些小佛像，美术部的学员就非常高兴，拿出来收藏。我意识到那是文物，立刻上报陈残云，陈残云和欧阳山对此十分重视。

---

① 斯坦尼斯拉夫斯基（1863—1938），俄国演员，导演，戏剧教育家、理论家，创立戏剧体验派学说。

② 欧阳山（1908—2000），作家，代表作有《三家巷》《苦斗》等。

何　车：关系到宗教政策啊。

陈予之：欧阳山马上把那些小佛像收集起来。

何　车：那叫"金肠银肚"。不管是佛像还是神像，都必须在里面装这些东西，代表佛的内脏。

陈予之：有很多佛仔啊。因为我立了大功，陈残云对我十分有好感，以后经常找我帮忙。

成立华南文艺学院不到两三个月，土改运动开始了，欧阳山建立华南文联，成立粤剧委员会，由黄宁婴主持，欧阳山把我安排到粤剧委员会工作。从此我就加入粤剧了。

何　车：你加入粤剧排演的第一部是什么戏？

陈予之：第一个戏是《家》。

何　车：是哪位作者写的呢？

陈予之：林仙根[1]。这个《家》是1955年排的。1953年我加入粤剧后，丁波做文化局长，他不住别墅，拉着我同他一起住在德政路高华里20号。1954年，北京办了一个导演训练班，请苏联的列斯里来讲课，他是研究斯坦尼体系的专家，这个课程由金山的老婆孙维世来主持。每个省只能派两个正式学员去参加学习，广东省派了潘予（演话剧的）和香港"中联办"的一个人去参加，我不是正式学员，丁波就派我去当旁听生，学习斯坦尼体系。

何　车：系统地学习斯坦尼斯拉夫斯基演剧体系的理论。

陈予之：我学习回来后排演的第一部戏就是《家》，是1955年在南方剧团排演的，主演是马丽明、吕雁声、颜铁英、曾三多，打锣的是刘熹。当时《家》没有粤剧本，我请林仙根按照我的要求去修改剧本。排演前，我参考了香港明星话剧团演出的话剧《家》。我在越南的时候参加过香港的明星话剧团，和这个话剧团的伍会一起排演过《家》。我要林仙根按照我当时那个《家》写剧本。

---

① 林仙根（1906—1964），粤剧编剧。

何　车：香港那个《家》是吴楚凡、张活游、黄曼梨①主演的。

陈予之：对的。我在排练粤剧《家》的时候，就引出个大笑话啦。

何　车：这个笑话传到全行都知道啦。

陈予之：几乎打烂所有敲击乐都未搞定。

何　车：是不是打锣牛②做打锣啊？

陈予之：对。在我自己排演的《家》中，我按照我国的民俗习惯，安排了一对童男童女在床底下，寓意将来生仔生女，儿孙满堂。所以一开始，我就安排了两个大妗姐带着一对童男童女入来，他们在洞房的时候迅速躲到床底下，配以几句白榄和锣鼓声，以表现动作的迅速。因为那时候我对粤剧的锣鼓完全不熟悉，于是我就要求打锣师父把所有的锣鼓依次、逐步打给我听，最后打到"顺三槌"，我认为就是这个了。后来这件事传遍了戏行，成为一个笑话。

何　车：这件事我在剧团的时候已经听说过了。广东省曾经试过把所有粤剧老倌集中在二沙头办训练班，那是什么时候的事啊？

陈予之：1957年，我在大沙头那里负责教务。

何　车：你是负责人？

陈予之：负责人是罗合如，训练班是中国戏曲研究院举办的，那不是一般的学习班，是讲习班。

何　车：我记得那时规模很大，把全省的名演员都集中一起。

陈予之：全省粤剧界著名大老倌都集中在那里，讲习既要讲经验，又要学习交流。

何　车：是马老大和刘美卿③演《凤仪亭》那次吧？他们在

---

① 黄曼梨，香港著名电影电视演员，经常在电影里扮演中老年妇人。

② 打锣牛，广州粤剧团掌板刘焘。乳名"阿牛"，故称"打锣牛"。

③ 刘美卿，粤剧演员。

东乐戏院那里做示范。马老大和练玲珠[1]还演了一个戏叫《斗气姑爷》。一场只有“滚花”，连口白都没有的戏。

陈予之：当时提出进行粤剧改革，我安排他们讲课，叫马老大讲讲粤剧改革。马老大说粤剧当初改得非常离谱，用西洋乐器演奏，演员在舞台上跳一些舞蹈，行路都好像跳舞的样子。后来知道这是一个错误，就要改革。以前用西洋乐器，现在要用回粤剧乐器，只保留色士风，用于低音和音，薛觉先保留小提琴，因为适合他的音色。

值得观摩学习的戏是《斗气姑爷》，由马师曾和练玲珠演出。《斗气姑爷》只有两场戏，它是改革后的粤剧，但确实是粤剧，主要是结构上的改革。第一场是全场只有“滚花”；第二场是哑剧，音乐奏《孔雀开屏》。第一场讲浪子回家折磨太太，打老婆时就唱“滚花”；第二场是浪子回头，他无话可讲，只有认错，但又不敢说，只好拿着藤条让老婆打自己。

尽管没有用到新的音乐，但结构上改革了，表演上也有所突破。

何　车：这个戏给当时戏行的人留下很深的印象，特别是一些年轻演员，以前有很多人不服马老大，但看完这出戏后，发觉这样都可以演戏？！整场戏没有一句口白都可以表演成功，这对我们后辈是一种启迪，粤剧不是单单靠唱的，其实还有十分丰富的表演艺术。

我们转转话题吧，你是“老运动员”[2]了，新中国成立后的政治运动你都经历过，“文化大革命”对你的冲击较大，因为你是“越南特务”。第一，我想听听你在历次政治运动中的经历；第二，你是跨两界的，既是干部也是导演，“戏改”“反右”

---

① 练玲珠（1932—1995），广州粤剧团演员。

② 指经历过多次政治运动并在运动中挨整的人。

“四清”“文革”[①]这些经历，对粤剧艺术的总体发展有什么影响？从1949年到1966年这十七年，能否给我们说说。

陈予之：“文化大革命”里我只受到轻微冲击，历次运动对我的影响都不算太大。

何　车：但是“反右”时粤剧团出了好多个右派。

陈予之：捉了好多，但我所知只有一个。

何　车：不止吧，剧团揪出了很多个右派。像朱少秋、何建青、薛老九[②]，还有陈卓莹、冯志芬、黄锡龄等一批人。在这个过程中，对粤剧产生了什么影响？对艺员思想上的冲击，对粤剧艺术有没有影响呢？

陈予之：不是这些运动，是其他问题产生了影响。

何　车：“戏改”影响肯定大些，《三春审父》到北京演出被批评。

陈予之：还有一个是“和尚戏”的问题。

何　车：和尚戏应该是《斩二王》吧？

陈予之：不是。那时有一段时期全省粤剧热演《情僧偷到潇湘馆》《碧海狂僧》等和尚戏。曾三多[③]是中共党员，在粤剧界里白驹荣是第一个参加中国共产党的，曾三多是第二个参加中国共产党的，连中共党员都演了一出《着起袈裟事更多》的和尚戏，问题就大啦。为什么演和尚戏会泛滥呢？宣传部说我们没有禁止和尚戏的演出，于是“丁波、李门、黄宁婴撤职审查”。

何　车：丁、李、黄下台不是因为和尚戏，导火线应该是《山东响马》这个戏。

陈予之：《山东响马》在前，然后才出现和尚戏。后来宣传

① “戏改”，指20世纪50年代的戏曲改革运动。“反右”，指1957年反击右派分子的政治运动。“四清”，指“四清”运动。“文革”，指“文化大革命”。

② 薛老九，薛觉先之弟薛觉明，粤剧演员，他在家中排行第九，故行中称其为“薛老九”。

③ 曾三多（1899—1964），著名粤剧武生演员。

部知道禁止和尚戏是处理错误的，就反过来批评《山东响马》。宣传部那些人是极左的，他们不知道当时中央下了指示——“地方不能禁戏”，和尚戏因此才泛滥起来。后来撤了丁波、李门、黄宁婴、我、关子刚[1]的职。丁波被撤职后，马上被周总理调到北京，后来黄宁婴任粤剧院书记，李门任省剧协主席。改口说《山东响马》的产生是地方土壤造就的，撤销了处罚。

何　车：那时说“一戏罢三官”，“一戏”就是指《山东响马》。

陈予之：丁波被周总理调上北京做进出口公司书记、总经理，是副部级的。华嘉上任当上省文化部副部长后，粤剧界因为丁波的事件不敢演戏，也不敢发言。华嘉叫我带两个团去清晖园[2]开一个月的“神仙会”[3]，让大家自由发言。

何　车：这些就是政治运动的影响了。那时很喜欢开“神仙会”。

陈予之：我就带了广州京剧团和粤剧团到清晖园住了一个月。

何　车：新谷莺、傅祥麟[4]的京剧团。

陈予之：在那里讨论戏剧的发展和改革。回来后我就进入粤剧团工作了。

何　车：是1960年，当时省市分家，成立了总团。

陈予之：是20世纪60年代了。华嘉那时对我说：“陈予之，王建勋[5]是艺术科科长，你去帮手，好不好？”当时我不是党

---

① 关子刚，曾任广东省文化厅艺术处处长。

② 位于广东省顺德大良镇华盖里，岭南四大名园之一，已被列为省级文物保护单位。

③ 是指当时通过和风细雨的自由交谈、讨论和辩论来提高认识、统一思想的一种会议方式。

④ 傅祥麟（1919—2005），广州京剧团演员，“麒派”老生。

⑤ 王建勋，后任广州市文艺创作室主任、广州市文学艺术联合会主席等职务，主要从事戏剧的创作评论和演出活动的组织工作。

员，只能做副职。

何　车：那时黄力是保卫科科长。

陈予之：我觉得我不是做官的人，就去协助王建勋工作。1962年，我加入了朝阳粤剧团。

何　车：当时有朝阳粤剧团、春风粤剧团、东风粤剧团。东风粤剧团有靓少佳、卢启光、马丽明；春风粤剧团有陈笑风、陈绮绮、练玲珠；朝阳粤剧团有陈小茶、陈少棠、卢伟棠、小木兰[①]。

陈予之：我是1963年“四清”前回来的，在朝阳粤剧团导演《故乡情》。

《故乡情》是陈残云、华嘉、谭青霜三个人写的剧本。一开始排练就出问题，我被批评。华嘉带队去排戏，蔡衍芬、陈自强、吴建邦[②]也有参加排戏。一开始华嘉就质问：“为什么安排刘根[③]去抢救公社草地的蕉树？他应该去自留地抢救蕉树！”我说：“刘根不至于落后到这个样子，他后来失去家乡的土地和蕉园，心灰意冷，才去省城谋生。”华嘉说：“你这是无冲突论，无矛盾论，是修正主义，资本主义复辟。”这出戏从晚上7点开排，一直到凌晨4点才结束。最初王学军[④]还支持我，后来王学军也不敢出声了，华嘉一直在批评我。

何　车：华嘉批评过第二天就会忘记的了。

陈予之：虽然华嘉批评我排演的戏剧情节没有冲突，但第二天却听取了我的意见去排戏。看了彩排后，陈残云肯定了我的工作，华嘉也没有意见。演员小木兰、陈小茶、陈少棠在这出戏中表演很好，陈少棠塑造了一个老实的农民形象。

何　车：这个戏当时是作为样板去宣传的。广州市的剧团都要去看戏的，当时叫革命化的样板。将艺员集中，下乡排戏，用

① 小木兰，广州粤剧团演员，导演。

② 蔡衍芬、陈自强（1933—2003）、吴建邦，均为粤剧编剧。

③ 刘根，《故乡情》剧中人物。

④ 王学军，广州市文艺研究所编剧。

“革命化”去排这些戏，当时的影响是比较大的。

陈予之：还有一段故事，陈残云对我的导演工作十分肯定。在东莞望牛墩，王为一拍了电影《故乡情》。陈残云看了之后不满意，因为普超英是三十多岁的珠影的演员，没有朝气。陈残云要王为一按照我的方法去处理排戏。王为一是老革命文艺家，要他按我这个无名小卒的方法去排戏恐怕不行。王为一说他已经用了很多胶卷拍戏，不能再改了。陈残云说如果不改就停拍。陈残云和华嘉都是老革命，势均力敌，最后到省委宣传部“打官司”也摆平不了这件事，只好停拍。

何　车：后来华嘉排《南海长城》的时候得出结论，“革命化不等于艺术化，思想革命不一定演戏演得好”。世事好奇怪，上个月我又去了望牛墩，又是因为土地的问题，现在社会将土地集中起来，叫统筹土地。那时刚好相反了，你们讲自留地。望牛墩人要写一个戏，我也看了他们的剧本和录像。

戏剧作为一种艺术形态，只是生活的附属体，不是生活的主流和本质，随着社会的发展变化，戏剧是社会的非主流物质，它反映折射社会现象。从这个角度来看，除了你刚才说的《家》《故乡情》等现代戏，你也排过古装剧，哪个戏给你印象最深，你认为最成功的是哪个戏？

陈予之：没有一个是最成功的！

何　车：你心目中认为最能代表你艺术水平的戏。

陈予之：我比较喜欢的是《王熙凤大闹宁国府》。

何　车：是不是陈卓莹写的戏？

陈予之：不是陈卓莹。《王熙凤大闹宁国府》是由刘晓珠、许玉麟、卢秋萍主演的。

何　车：应该是陈卓莹写的“不幸生来是女人，终日困在家庭过日辰”那段。

陈予之：不是！

何　车：你对这出戏有何感受？

《王熙凤大闹宁国府》剧照，左一刘晓珠、左二吴粉超、右一卢秋萍

陈予之：自己觉得有点不太满意，不是我做得不好，而是有人做得不够好。陈晃宫以前写过《王熙凤大闹宁国府》的剧本，我觉得他写得不错，当时是陈酉名排戏的，他的处理办法是王熙凤在出场前，几个丫鬟在打扫厅堂，这种表演手法能够显示出王熙凤霸气十足，我十分赞赏。我导演《王熙凤大闹宁国府》不抄袭陈酉名的套路，对于王熙凤的出场，我采用的手法是王熙凤在舞台布景里面上场。

何　车：那段是采用慢板序上场的。

陈予之：如果布景的门口开在中间的话，她一上场就被前面一张椅子遮住，不能显示整体形象。所以门口的帘帐要开在舞台的侧边。角色未出场时，就先响起一阵环佩叮当的声音，然后有一群丫鬟捧着茶盅，仆人捧着参汤忙碌奔走。一听到环佩叮当的声音丫鬟就手颤，显示出王熙凤的那种威势和众人紧张准备的场面，突显王熙凤的气场。结果，舞台技师把帘帐口挂在了中央，我要求他挂在侧边，但他不合作，还很凶地骂了我。

何　车：你做导演应该有舞美设计图给他的。

陈予之：我当时考虑现场三台摄像机有没有办法避开，但都无办法避。后来卢秋萍出来了，她说头饰勒到头痛，闹着要开拍。当时卢秋萍是团长，她说了算。我是导演，但完全没有人听我的指挥。电视台又急着要开拍，我一气之下，扔下剧本就走了。

何　车：这种情况我也试过啊。

陈予之：你也扔过剧本？我是扔下剧本就走人。

何　车：对此我很理解，很多人不明白搞艺术的心态，就像你，放着干部不当，有领导不做，去做导演。现在是做干部好过做导演。你的例子说明你对艺术是有追求的，但当落差太大的时候，很多人会不理解。你就对卢秋萍扔剧本，我就对女姐丢剧本，我就客气点，我说我生病了。他们不明白我们的追求，导演的职能是要解释剧本，一百个演员就有一百个哈姆雷特[①]。同一个剧本也有不同的演绎。

除了导演，你还喜欢拍照，在艺术界你照相闹的笑话我也听过，能说几个笑话听听吗？我记得有一次你为谢锡光[②]拍婚纱照忘记上胶卷对不对？

陈予之：是的。你讲的都是事实。

何　车：一次春风剧团煞科后，我们通宵请你拍剧照，后来你说你的相机丢了。

陈予之：这是事实。说没有上胶卷，其实是照得不好，谢锡光结婚时照不到头发，结婚照这个样子是不能给人的，因此我干脆说没有胶卷。我有几次真的丢失了相机。

何　车：你是中国摄影家协会会员，宁愿说没有上胶卷，都不承认自己技术差。

陈予之：在春风剧团时，有一次是在取底片的时候，不小心被人偷了相机。结果第二天晚上别人说通宵拍剧照，还要再补

---

① 莎士比亚名著《王子复仇记》的主角。

② 谢锡光（1942—2011），粤剧编剧。

拍。当时相机过千元，镜头千几元。我三次丢的相机都是我表弟送我的。

何　车：你拍过这么多相，你办过摄影展吗？

陈予之：我没有办过摄影展，我多数拍粤剧人像照，但我不发表，因为这牵涉到肖像权的问题。办展览是要花钱的，租场地、租相框要自己出钱，摄影家协会是不会出钱的。

陈予之拍摄的《刁蛮公主憨驸马》剧照，左起依次为许玉麟、卢秋萍、罗思

何　车：予之兄有没有拍过写真呢？关起门来拍的那种。

陈予之：我没有拍过人体写真。

何　车：尚德贤是我的老师，他和你分道扬镳后，1958年就去了粤剧学校，那时叫"广州老艺人粤剧团"附设少年演员训练班，他做班主任，我入行的时候就对着他。尚德贤做领导比你还严肃。"文化大革命"后期我和尚德贤比较老友，我们无话不谈，包括艺术上的探讨，最初认识他的时候我才十三岁。尚德贤给我的印象是身材矮，只有一米六三，但他老婆有一米七高。我想听听你对尚德贤的印象。

陈予之：老实说，尚德贤的学养比较差，水平也不高，是一般的干部。尚德贤对白驹荣比较了解，后来被安排去做白驹荣的秘书，写了《白驹荣传》，好像没出版。了解白驹荣的只有三个人，第一个是林榆，他在省剧院，当导演，还健在，九十多岁了；第二个是尚德贤；第三个是我。我对白驹荣在新中国成立后曲艺大队成立前这段时间的情况比较了解，他的事迹也十分感人。

何　车：我们说他是中国戏剧界的保尔·柯察金[①]。

陈予之：新中国成立后的几年是白驹荣最辉煌的时代。

何　车：请你介绍一下七叔[②]。我就知道他演戏，不知道他的光荣经历。

陈予之：白氏家族、罗氏家族、陈氏家族在各个历史时期推动了粤剧的发展。罗氏家族即罗家树、罗家权、罗家英、罗家宝。陈氏家族即陈天纵、陈笑风、陈小茶。

首先讲讲罗氏家族。罗家树，即“打锣树”。

何　车：他是我的开山师傅，我第一个音是他教的。

陈予之：全行有名的打锣师父。

罗家英，他曾到中山大学给研究生做报告，他说粤剧演员要练好基本功，表演以技能为主，起码二三十年才能塑造一个人物。演员能够真正塑造一个人物，就是对社会有影响和贡献，这样就足够了，不一定要成为李嘉诚那样的亿万富翁。我听了这句话很感动，这是真理，一个人对社会有贡献就可以，何必非要非常富有呢？

何　车：他可能讲中了你的心，你对社会有贡献，你很富有。

陈予之：不仅讲中我的心，而且讲中了你的心。这是一个人一生的基本要求、基本目的、基本态度，要对社会有贡献，不一定要成为百万富翁。

---

① 尼古拉·奥斯特洛夫斯基所著《钢铁是怎样炼成的》中的青年革命战士。

② 七叔，指粤剧演员白驹荣。

罗氏家族产生了一些在艺术上很有成就的人，如罗家宝。很多人认为罗家宝是因演《柳毅传书》而出名，实际上《柳毅传书》不是他的代表作，不是他演得最好的一出戏，也不是文艺界一致肯定的戏。罗家宝演的《山乡风云》是文艺界一致肯定的戏，他饰演《山乡风云》里的“奴才奉”①，塑造了一个人物，利用了他的低音歌喉，唱出了被压在社会底层的人那种沉郁的感情。“奴才奉”一上场，我们所有的文艺界人士都流眼泪。

何　车：罗家宝最初的时候不愿意演“奴才奉”这个角色，他平时是演靓仔小生的，因为当时他犯了错误，领导就特意让罗家宝演老生。这个角色罗家宝是不熟悉的。后来黄庄平②出面安慰罗家宝，并鼓励他克服困难，演好“奴才奉”这个角色。

陈予之：最后罗家宝成功地演了 “奴才奉”这个角色。

何　车：除非他不接，戏班佬没有人肯认衰仔的，肯定会拼命投入的。他唱这段戏，不唱“虾腔”，唱“受气犹如吹箫笛”这段，是七叔白驹荣逐字逐句教他唱的“公脚腔”。罗家宝最初

陈予之与陈冠卿（右二）、何建青（左二）、欧初（左一）合影

① 奴才奉，粤剧现代戏《山乡风云》中的家奴何奉。

② 黄庄平（1917—1995），时任广州市委宣传部部长。

是演小武，后来改演小生，他确实有点心思。

陈予之：《梦断香销四十年》之“再进沈园”是罗家宝的巅峰之作。陈冠卿写这个戏非常好。

何　车：这首曲原本是写给黄少梅[①]唱的，但黄少梅不喜欢，认为不适合自己唱，后来就给了罗家宝唱。

陈予之：开头两句唱的“斜阳画角哀，诗肠愁满载”已经让我流泪了，罗家宝演得就像一个活生生的陆游，爱的人已被铜棺掩盖。

何　车：罗家宝对《梦断香销四十年》深有感受。他和妻子白燕珍曾经一起自杀。罗家宝的母亲和白燕珍吵架，罗家宝被批斗，夫妻两人相对凄然，一起服食安眠药自杀。第二天，罗家宝母亲发现罗家宝和白燕珍出了事，马上将他们送去医院急救。白燕珍每天都吃安眠药，过量服食后对她的影响不算非常严重，抢救后马上醒了，罗家宝却抢救了三天才苏醒。薛觉先的妻子张德颐在广州市第二人民医院做护士长，华嘉与她监督抢救工作。三十年前，罗家宝被迫与妻子白燕珍离婚，白燕珍回到新加坡不到一年就去世了。三十年后，罗家宝去新加坡，在白燕珍的坟前祭奠。罗家宝因为有了这段经历，所以深有感触。因此演戏离不开对生活的体验，特别是情感上的认同。年轻人是唱不出这样的感情。

七叔白驹荣有很多轶事，他在从艺、为人、政治立场方面都很值得我们景仰。郎海山[②]说抗美援朝期间，在广州酒家门口，白驹荣积极参加宣传募捐。群众连金戒指也掷下来，银纸好似雪片般飘下来。你应该也有参加抗美援朝艺人募捐吧？

陈予之：我没有参加，但我对新中国成立后白驹荣的一段历史比较清楚。欧阳山筹办了华南文联，他调我到华南文联戏剧委员会，由李门和王立英主持，白驹荣也参加了这个戏剧委员会。

---

① 黄少梅，曲艺演员，著名星腔唱家。

② 郎海山，广州粤剧团乐师。

在新中国成立后，留在广州的两个剧团分别是靓少佳的胜寿年剧团、楚岫云的花锦绣剧团[①]，白驹荣没加入剧团，他在茶楼唱曲艺。白驹荣说他没离开广州一来是因为没有人带他走，二来他想看看解放军是什么样子的。后来他知道了解放军半夜入城也不惊动老百姓，白驹荣赞颂解放军是仁义之师，他要歌颂中国共产党。《福伯返台山》[②]是白驹荣唱的第一首歌颂解放军的粤曲，讲的是台山人福伯在海外受尽欺凌，新中国成立后回国，看见中国欣欣向荣，后来偶遇一女子，得知她是自己失散多年的女儿，父女重逢。这首曲现在还有录音存着，我很赞赏白驹荣这首曲的唱腔。《福伯返台山》是粤剧界第一首歌颂新中国、共产党、人民解放军的粤曲。中国进入了颂歌时代。

曲艺大队成立后，白驹荣跟关楚梅巡回演出。林榆被军管会调去接收了海珠戏院后，也接收了曲艺大队。林榆知道白驹荣很多故事。当时林榆在省剧院当导演，白驹荣在省剧院演出。

何　车：白驹荣1958年去粤剧学校做第一任的校长。

陈予之：他后来受邀参加黄宁婴建立的剧协。他演的第一出戏是折子戏《二堂放子》，这戏有一句话是丁波写的。当时我和丁波一起住，他每晚都听粤曲。有一晚他说《二堂放子》后面一句“滚花”不好，可改为“天上人间同煎迫，未知何处得身安”。他叫我明天把这个意见跟《二堂放子》的编剧陈晃宫说说，告诉他这是听了观众的议论，不要说是他丁波的意见。第二天，我向陈晃宫说了意见，陈西名也在场，他们称赞我，还打算叫七叔马上改为这样唱。我不知道这样改是否可以，他们说七叔“吞生蛇”[③]吞惯了。果然，晚上白驹荣就改了这段“滚花”，

---

① 此处与史实有误，应为“永光明剧团”。参看《粤剧大辞典》P757—P758。

② 陈予之记忆有错，应是《祝伯返唐山》。20世纪60年代初的作品，由白驹荣、林小群演唱。

③ 粤剧行话，指临时顶角，拼命背记曲词。

按照我的意见去唱。当白驹荣最后拉腔时，陈酉名就叫落幕了，白驹荣在大幕后余音未断，台下观众掌声雷动。我说陈酉名你厉害啊，竟然可以在观众看到最激动的戏剧场面即刻落幕。

何　车：你是斯坦尼斯拉夫斯基体验派的导演，你退休后的开会发言多数强调粤剧的舞台性和粤剧传统的传承，相对你们那一辈的导演，你在观念上的转变相对较大。请问你的转变是基于什么？你对当今粤剧有什么期望？

陈予之：我这个转变是因为改革开放后，粤剧发展跌入低谷，而且还没有恢复的迹象，所以我觉得很伤心。以前国家投入了很大力量和资金把粤剧传承下来，现在粤剧却跌进了低谷，我就开始研究如何将粤剧传承下去。我离开粤剧导演工作后才进入粤剧研究工作，我过去是糊里糊涂地搞粤剧研究工作。要研究粤剧的传承，就要研究粤剧的基因的组成。

第一个基因是“梆黄”系统。“梆黄”是清代在广东一带的湘剧、潮剧带过来的。

第二个基因是南派，不是北派。清军入关时火烧南少林寺，他们的弟子逃到南边传授南派武功。粤剧的南派武功是硬桥硬马，显示阳刚之气。即使是小生也不会让人觉得娇声娇气。

第三个基因是全国所有戏曲都没有的，只有粤剧才有，那就是锣鼓[①]。乾隆时期的锣鼓柜在民间唱八音锣鼓，一人拿一件乐器，演唱八音。粤剧的锣鼓不但表现节奏、气氛，还表现人物性格、遭遇等一切舞台活动，也表现战争规模、重逢亲人等各种环境下的多种情绪和行动。两个亲人重新见面，大家哭，用“哭相思”锣鼓；痛苦饮泣的哭，用“暗相思”锣鼓；“三批”锣鼓就是质问；“顺三槌”是表现大家争抢的样子；“水波浪”锣鼓、做手，就是表现一个人正在思考如何处理问题。粤剧的锣鼓有表现力，这个基因很重要，是粤剧特有的基因。现在粤剧没有特有的锣鼓基因，而用新的敲击乐、舞蹈去表现，让我十分担忧。

---

① 锣鼓，指粤剧锣鼓点。

还有一个重要问题，是现在大家都不愿意看粤剧的原因，就是粤剧原来有六个表演行当，现在只有生、旦两个行当，电视上尽是生旦对唱，让人看到审美疲劳。以前粤剧有“六柱制”[①]，要有大花面，过去没有大花面是不能散场的。大花脸是引起矛盾，引起激烈斗争的元素，只通过对唱来交代情节是行不通的。粤剧不能只有生、旦两个角色，要有多个角色，有矛盾有斗争才有戏。

何　车：你以后要多发表文章，让年轻人学习。

陈予之：我不发表的，因为我不是专家，也不是名人。你写文章就有人发表，我建议你写。何车电视上有名，报纸上有名，我这个无名小卒是不会发表的。

何　车：予之兄，谢谢你跟我们说了这么多，祝你健康长寿，希望你以后多发表文章，让我们知道更多的历史。多谢你！

陈予之：辛苦各位！

陈予之（前右）、何车（前左）与《访谈录》编务组工作人员合照

① 六柱制，20世纪30年代粤剧剧团岗位模式，指武生、文武生、正印花旦、第二花旦、小生、丑生等六位主要演员支撑剧团演出的模式。

访谈感悟

从事艺术工作七十多年的陈予之老师，激励着每一个年轻的文化工作者不断学习和进步。

陈予之老师从一位完全不懂粤剧的人，到因社会客观因素与粤剧结缘，一直坚守了几十年。作为斯坦尼斯拉夫斯基理论体系的体验派导演，他力求完美，不断学习和分析，寻求艺术上的创新与突破。陈予之老师的另一个特点是善于启发演员对角色的感悟，让其根据角色产生意念和行动，根据角色的需要演绎出精彩的舞台形象，发挥其创作的积极性。

虽然陈予之老师已九十岁高龄，但他仍然继续关心粤剧，致力于粤剧艺术改革发展的研究和传承工作，为粤剧做着自己力所能及的事情。他的真诚和坦率、耄耋之年的童心感动了我们。他对粤剧的深厚感情和对艺术的执着追求是他在艺术道路上永不停歇的强大精神动力，也体现了粤剧这种传统民俗文化的独特魅力。

陈冬琳

访问日期：2014年7月28日
访问地点：广州粤剧大院
受 访 者：黎子流
笔录及整理：区子珩

『咬定青山不放松』

——黎子流访谈录

黎子流，广东顺德人，1932年出生于龙江镇陈涌村一户贫困的农户家庭。

自1951年被选为顺德县七区土改队员开始，他踏上了自己的“仕途”，先后担任了不同岗位的领导职务，其中最为人们熟知的就是广州市市长一职。他凭借自己坚定的信念和不畏困难的决心，为自己的家乡、 江门市及广州市奉献了自己的青春，为群众办了很多实事、好事。

黎老市长自小与粤剧粤曲结缘，是一位忠实的，甚至是狂热的粤剧粤曲发烧友。1992年，他亲自筹办了广州市振兴粤剧基金会，二十多年来一直致力于发展和传承粤剧传统文化艺术，贡献良多。

黎子流现为广州市振兴粤剧基金会会长，广府人珠玑巷后裔海外联谊会会长。

何　车：非常欢迎黎会长接受我们的访谈，我们已经期盼了很久。在这里，我们希望你谈谈对粤剧的期望和感受，同时也想在你身上获得一些教益，今天十分感谢你。

黎子流：不要这么说，是我要多谢你们。

何　车：首先，我想冒昧问黎会长一个比较私隐的问题。早期你在基层工作，我知道你曾担任公社书记，那么在这之前，你有怎样的经历呢？而你从政后的经历又是怎样的呢？

黎子流：其实我是劳苦大众出身的，是一个很普通的老百姓，家境也是极端困难。由于日军侵华，所以我很喜欢歌颂民族英雄邓世昌的那一首粤曲[①]，国仇家恨永不忘记。今年是甲午年，又是“卢沟桥事变”七十七周年，我经历了三个时代，日军侵占我们国土的时候，烧杀抢掠是我亲眼所见的，这个时代我经历了。第二个时代是国民党抗日战争后的统治时期，见证了它走向腐败。刚开始的时候，国民党是革命的，在抗日战争的时候就体现了它的革命性，但是战争结束后在百姓中就流传这样一句话：“烧错炮仗、拍错手掌、迎错老蒋”。“金圆券”[②]的价值每天都在变。同样的钱，今早可以买得半斤米（五两），下午就只能买得二两，这已经是从腐败走向灭亡了。当时我在湛江经历了这个时期。

何　车：哦哦，原来不是在龙江，哈哈。

黎子流：第三个就是新中国成立后的时期，我在党的培养下走上了不大不小的领导岗位，广州市长其实就是后勤部长。

何　车：你开玩笑而已。

黎子流：这是事实，当然是我自身的感觉。不过这位后勤部长职责比较大，柴米油盐酱醋茶你都要关注，衣食住行你都要负责。

---

① 指粤曲《民族英雄邓世昌》。

② 解放战争后期南京国民政府为支撑经济崩溃局面而在国统区发行的一种本位货币。

其实我的经历可以说简单，也可以算是复杂。简单的概括就四个字，“酸、甜、苦、辣”，这四种滋味我都尝过了。复杂的经历不多，从顺德到江门，再到广东省，我曾在省政府半年，在特区办当主任，最后就来到广州市。

记得我五六岁的时候，日本人入侵到我们陈涌村。当时他们来到我家，其中两个日本兵用刺刀威胁我的父母，我听不懂他们的话语。他们步步紧逼，父母抱着我，我有一个妹妹，比我还要小三岁，后来她也被卖到其他地方。

何　车：原来你经历了这样的事情。

黎子流：我一共有六兄弟姊妹，本来是七个的，有一个早逝。除了我是男孩，其他五个全是女孩，她们大多被卖了，有些做“妹仔”[①]，有一个卖到番禺，现在还在那里，到今天她仍旧是农民，已经七十九岁了。

父亲没有能力养育我，连家用都没有寄回来。母亲因为霍乱病早逝，如果有今天的医疗水平，她应该不会这么短寿，去世的时候还不够五十岁。在没有家用，母亲又去世的情况下，就只剩下我们两兄妹。我们两个为了过日子，唯有摘野菜、木瓜头，每餐限食三杯米，用拜神用的那种小酒杯量的。熬出来的粥，水比米要多，三杯米能有多少？估计一两不到，因为当时实在不够米。我和妹妹，一个五六岁，一个三四岁，两个人相依为命，大姐嫁人后偶尔回来照顾。后来父亲在湛江打工，我就去了湛江，当时只是我去，妹妹留下来了。湛江当时并不是沦陷区，是属于法国占领地，但是日本人经常派飞机来轰炸。到了湛江，我就在那所叫慈光小学的教会学校里读书。这所学校是基督教会办的，现在想寻找都找不到了，那时每朝上课前都要念圣经，我就睁着双眼向周围看，那时我都不知道什么是信仰。教会学校的学费比较便宜，我在那里十分刻苦地学习，考试全部是前三名的，因为自己贫穷，所以必须发奋。我就只有这两年的文化水平。

① 粤语方言，是丫鬟的意思。

1945年，日本投降，我们一家迁回家乡。当时从湛江回到顺德，如果以现在的交通状况来估量，那是不可想象的。你猜我们全家大小走了多少天？足足走了半个月！

何　车：我以为最多一个星期。

黎子流：半个月。遇到渡口要过渡的，当时没有公路，遇山就走山路，一般都是走小路。我只有十岁，走的时间长了，双脚都肿起来了，不能继续走下去。我就只好坐兜[①]，休息一会儿后继续走路。这种情况放在今天是不可想象的，但是它深深烙在我的脑海中，所以这段经历对我的人生有很大的影响。国仇家恨永忘不了，我不是说世世代代要仇视日本，但是它让我家破人亡，使我们国家受到深重的苦难，这从小对我就是一种心灵教育。

日本投降后，由于生活困难，我就只好到二姐夫家生活。这时候我真正开始做农民了，从10岁开始，就要挑一百多斤重的担。在外面购买桑叶，然后担回来养蚕。这段时间使我学会了很多务农技能，不论是繁重的体力劳动还是技术劳动都已经掌握了，学会种很多经济作物，如蔬菜、甘蔗等，还会养蚕，懂得在鱼塘中挖起淤泥，堆上塘边，这需要重体力劳动与技术相结合，我只有十二三岁，就要把一千多斤的淤泥堆起来，我觉得这才是我人生经历的开始。

我当了一年半农民后，就到了龙山村（乡）一间文具店打工。一个月只有十斤米，当时的工资是用米来发放的。

何　车：对啊，新中国成立初期是这样的。

黎子流：十斤米一个月，食饭就不成问题，但是我要做很多工作的。店铺伙计一共有五个人，担水、买菜、煮饭全是我一个人负责，还要养十头猪，我就是这样磨炼过来的。所以说“酸、甜、苦、辣”都经历过了。因为文化有限，我十分努力，开始学写字。我主要学习中文字，阿拉伯数字就用在计数上，加减乘除都懂。英语就会一点点，因为以前在教会学校学习了一年多，就

---

① 以前山区的出行工具，人坐在兜上，由两个人担抬行走。

知道那二十六个字母。

何　车：哈哈。

黎子流：我亲眼目睹解放军进村，每一个士兵都睡在大街上，借老百姓的床板，用后归还，绝对不进百姓家住。对此我有很大感触，因为曾经在山头看着国民党军队溃败撤退，这样就有一种对比，中国共产党真的做到不扰民，我真心觉得她好，当时这种情感还是比较肤浅的。

打工那段时间，有一次从全镇的店员工人中选举了三个人参加土改队，我是其中之一，于是我就这样走上了了革命之路。我参加了一些青年宣传活动，抗美援朝时学会唱抗美援朝歌，上街宣传，号召群众捐钱给志愿军添置飞机、大炮。当时我们不懂共产主义，就是觉得共产党好、解放军好。

我参加了土改队，受到了深刻的教育，要到最贫苦的农民家同食、同住、同劳动，感受旧社会农民生活的艰辛，反衬出现在社会的好。新社会并不是马上能改善生活的，但是起码人民能够当家，中国共产党就要人民翻身当家做主人。

我参加土改的时候是十七岁，土改一共有三个阶段，我参加了第一、第二阶段，都在顺德，但是具体地点不同。通过土地改革，我的认识提高了很多，当时很民主的，是用豆子来选举，按豆的颗数画正字①，最后选了我当乡长。乡长的任务其实不是太复杂，征收公粮、恢复生产、发展经济、访贫问苦、关心底层，任务大概就是这样了。我从土改队队员到乡长，乡长再到副区长，就是现在的副镇长，后来又担任了镇长和镇委书记。

“文化大革命”的风暴和灾难我也承受过，我是首当其冲的，全顺德的镇委书记中，最迟“解放”②就是我和另外一个镇委书记。我被批斗了百多次，把我定为“反党”“反社会主义”

---

① 用“正”字（笔画数为五）作整数的一种简单数据统计方式。

② 指历次政治运动中被审查的干部最终解除审查。

“反毛泽东思想”的三反分子。当时我妻子拒绝举手[①]，全家都遭殃，十分凄惨。我觉得“文革”的灾难绝对不可以再重演。

“文化大革命”时要把我打倒，我又变回普通农民，受到一些“革命派”的监督，直接到农民家劳动。我还坐了两年牢，印象最深刻的是整天没有休息，早上被押去劳动，中午就是念《敦促杜聿明等投降书》。那时我还要当伙头，负责煮饭给大家食，伙食费各自支付，那时我每月只有十九元，原来是三十多元的，因为我是“走资派”，所以只能发十九元。妻子由于不举手不揭发，最后被禁押在农科站。我的大儿子又顽皮，读小学的时候不小心用弹叉把毛主席像打穿了，被认为是“小反革命”，周围的小孩马上疏远和孤立他。家里就只剩下我的小儿子。我在监狱时，早上食的番薯就是我的小儿子送来给我的，那时他只有六七岁。这段日子我都熬过来了，我相信：“全国六万多个人民公社，不可能都反对毛主席，你说我反对毛主席只是断章取义。”我为人比较率直，有时说话比较随便。例如我曾说：“你们不要夜晚学习白求恩，白天就抢‘工分’[②]。”“‘人无横财不富’是不对的，‘马无夜草不肥’又是对的，所以我们的农业不能仅仅是农业，必须要搞副业，有本事的人要进入集体，按劳分配。”这就变成了反对毛泽东的言论，反对毛泽东思想了。

1967年底，我被关进监狱，一边被批斗，一边劳动，规模最大时，开了万人大会批斗我，数我的罪状，基本都是那几条，他们搜集我的一些日记、笔记本等，看看有什么“反革命言论”，找找我的“历史问题”。我认为党的政策一定要遵从，但是不结合实际，就会犯错误。我觉得“大跃进”是错误的路线，它违反了科学。最后，我就有了很多条罪状，这些“历史问题”都被一一清算。

---

① 这里指在表决中赞同和认可。

② 指过去“人民公社”以“死分活值”的方式，进行评定劳动报酬的依据。

“文革”的这些灾难我都承受了，我得出了一个结论，中国共产党的伟大之处并不只是说她能够领导中国获得今天的成就，而是她在犯错误的时候能够自我纠正。任何一个政党都不可能不犯错，伟大之处就是有了错误懂得自我纠正，党的十一届三中全会就是纠正党的错误路线，历史事实证明“文化大革命”是错误的。

我得到“解放”后，虽然有个官名，在顺德担任农委副主任，实际上是“充军”①。1969年底到1974年7月，我去了珠海横琴岛围垦中心，带领三千八百人工作，开始是副指挥，第二年就做了总指挥。参加围垦的人是民兵编制的，所以我不仅仅是会长，还是民兵团长。三千八百人在这里战天斗地过了整整五年。横琴岛分为大横琴岛和小横琴岛，有三个解放军连队驻扎在这里，南海前哨英雄连队“钢八连”就在小横琴岛。我们的任务是要在横琴岛两边堆起堤坝，建两座较先进的水闸。本来这是由珠海方面主要负责的，从顺德要走三天三夜才能到横琴岛，为什么会由我们顺德承担呢？因为他们围了六年，一边堤仅仅抛了三百米石，涨潮时，一边堤就被淹没不见了，所以就要向佛山地区请救兵了。那时我们是“军管”②的，他们认为顺德有条件，第一，顺德是鱼米之乡；第二，顺德人会游水；第三，我们拥有很多工具。生产队出人力、出工分、出小艇，大队就出大船，公社就出电船。我在横琴岛望着对面的澳门，澳凼大桥已经在动工，他们是现代化机械作业，我们就只有靠人海战术，三千八百人爆石、运沙，要在大海上筑起一条堤坝。先抛两百米沙，厚度要一米以上；抛完沙就要爆石，爆完后就要用当地的红树林做“钢筋”，把它扎在一起，堆成“钢筋”；最后在上面堆泥。水下面是蚝田，我们双脚每天都会被刮伤出血。

---

① 原意是古代惩罚犯人到边远地区从事强迫性的屯种或充实军队，后来引申为到条件艰苦的地方开展工作。

② 在“文化大革命”中，由解放军接管政府部门和有关单位，进行有效管理。

我们当中的正副指挥，共有五六位，年纪都是三十岁出头，每一位都能够劳动，而且懂水性，如果不具备这些条件，是不会派到这里工作的。其实我们都不是“官”，没有坐办公室里，每天都在大海上指挥工作。

“围海造田”时期的黎子流

我在顺德任职期间搞了两大工程，“疏浚监修水道”和“围海造田”。其中“围海造田”的时间长，当时我的饭量讲出来，恐怕大家都会吃惊，我一个月要食七十五斤米。早餐食半斤米，正餐要食一斤米，因为劳动量大，如果不食那么多，根本没法支撑。我们的工作有一定的危险性，“围海造田”就害怕工作时人数过多，因为要管理他们不容易。来这里工作的都是十几二十岁的年轻人，其中七成是女的，三成是男的。住宿是男女分开的，但有些事情是很难避免的，男男女女在一起工作，人是有感情的，这些感情问题我们要负责处理好，要对家长负责，不能无缘无故有了小孩。那时候“围海造田”的地方在今珠海一带，我还担心他们看着对面澳门的霓虹灯光，禁不住诱惑会偷渡过去，因为他们每个人都会游水。两岸相距最窄的地方退潮时只有七十米，一下子就能够游过去了。当然也是有人偷渡过去的。参加“围海造田” 前后大概有四万人，走了七十七人。

何　车：到现在还这么清楚记得是七十七人？

黎子流：当然啦，我是总指挥，一定要记住这些基本数字的。我讲的都是事实，这块地真正表达了顺德人民的“顺德精神”。就像我们的“广府人精神”一样，除了“慎终追远”，不忘历史外，还有开拓奋斗、务实包容、敢为人先的内涵。

我们一年只回家三天，我妻子对我说，如果放在今天，恐怕两夫妻都要分开了。第一年，从十月开始工作，到了春节都不能回家，民兵们都问："为什么我们不能回去？"我回答说："我也没有办法，这是上级的命令，你们在这里过年，我也和你们一样，而且我还有妻子和儿女。"所以我在"围海造田"中也重新受到了教育，锻炼了个人的意志，我们在工作中也受到了很多挫折，例如伤亡五个人。

何　车：以几万人计算，这个数字算小了。

黎子流：第一阶段最艰苦，要在大海建堤，接受大海风浪的考验，东面珠海力量不够，需要我们支援。我们接受经验教训，终于建好水闸，最后我们围起了十八平方千米的土地，相当于三个珠江新城那么大。

何　车：这段历史顺德县志有没有记载？

黎子流：这个我倒是没有留意。

何　车：我觉得这段历史很感人。

黎子流：粤剧界曾经想以此为题材编一部戏，我就提供了这段历史作为材料。我说："你们可以慢慢研究，至于编不编由你们决定。"它寄托了顺德人的情怀，当时去工作讲"服从、贡献、牺牲"六个字。我们一无所得，虽然协议写着以后这个地方归顺德管辖，但最后变成了国家级规划开发区。最后收获的也是那六个字。

"一国两制"后，澳门与珠海交接，这个地方的价值就很难估量了。当时省委协商决定，以二十九亿八千万元的价钱把这十几平方千米的土地交给珠海，包括了建造的材料费用、人工等。二十九亿八千万元按平均计算，一亩地才十多万元，到现在恐怕要几百万元一亩地了。顺德人的精神一向是顾全大局的，是"广府人精神"的一部分。我讲这段历史，是因为我前后在这里工作了五年，并且是最艰苦的五年。当时蔬菜无法种植，我们除了食大米外，就是食番薯、腐乳，所以我们称作"腐乳顽抗”[1]。我们也有改善生活的时候，就是夜晚去红树林里叉蛇，在那里捉的老鼠至少过万只，都是田野和海坑的老鼠，是比较干净的，没有什么污染。

这里属于珠江出口“八大门”之一“磨刀门”，出去就是南海海面了，我从没有见过这么大的风浪，沉艇都有过十次八次了，整个艇身都会翻转。

何　车：你游水回来？

黎子流：不仅仅是这样，还要翻起小艇。面对这种情况，必须要懂得游水，这些经历太多了，很艰巨，艰苦奋斗的精神深深印在我的脑海中。我们回顺德要三日三夜的时间，第一天要等待潮水涨，因为船要到水涨时才能到珠海；到了珠海我们在渔民大厦过一晚，然后第二天一早就搭单车到另一个地方搭艇过河，赶到中山；如果赶不上珠海途经石岐的车，又要在客栈过一晚了。客栈地上有张席子，我们就要睡在地上，拨葵扇生风。客栈要收房租，5角钱一晚。第三天早上起来，赶汽车回到大良，之后还要搭单车到勒流，这才回到家。所以前后一共三日。

我还记得一件事，有一年年廿九我们放假，我和副指挥两人一起回来。因为那时正值冬季，天气寒冷，前面挑着棉衲，后面就担着棉被。我们来到大良已经深夜了，由于没有交通工具，所以没法趁夜回勒流。我们走到清晖园，在门口看见一位年轻人在写东西，就问他：“今晚有没有地方让我们过一夜呢？”他望了一眼，看见我们满面胡须，又担着棉衲和棉被，样子古怪，就说：“没有！”副指挥听到立即发火了，我马上劝止他：“你发火也没用，就算你跟他说自己的职位都没用的，别人根本不认识你。”我问他：“你有没有地方睡？”他说：“有个亲戚在附近。”我就要求他收留我们，但是他说不行，因为只有一个床位。我心里想这下该如何是好，快过年了，周围的店铺都放假了。怎么办呢？后来想起我们指

---

① “负隅顽抗”的谐音，指当时环境艰苦、无肉少菜，只好用腐乳代菜，戏称“腐乳顽抗”，指人们在艰苦的生活条件下坚持工作。

挥部在县政府门口有一个板帐房，里面有一个床位。我到了那里，看见房门上了锁，但无论如何要想办法进去，最后拿了一根竹子爬了进去。房中有破烂的蚊帐、火水灯[①]，幸好还有火柴，我点了灯就在这里过了一夜。由于蚊帐破烂，我被蚊子叮了一整夜。我们那时做官做指挥就是这个样子的了。

到了1974年下半年，我就调回顺德县了，算是“流放”完毕了。当时还是“军管”，我当了“革委会”的办公室主任。我想我的文化水平不高，这个主任该如何当？唯有依靠同事们。有文化的人都落乡，写调查报告，这些我都不在行。但我会搞调查研究，善于与农民打交道，其他的事就依靠同事们完成了。后来当了县革委副主任。到1975年我当了县委书记，一做就是九年，我就是这样走过来的。

1983年5月，省委开党代会，要求佛山地区分开两个地级市，调我去做江门市委书记。这应该算是越级提拔了。开始我并不想去，记得当时是王德书记找我谈话，他是老革命了。他严肃地对我说：“省委的意见决定派你到江门当第一把手，我给领导班子的名单你看看。”我看了名单后就有一个感觉——自己没有资格任这个职位。我在顺德工作不错，当了九年县委书记，就应该要退让了，因为顺德有大批人才，千万不要像打篮球那样阻人前进。我说：“可以让我退下来吗？”王德说：“不行！你要挑重担。”我说：“有很多人干得比我要好得多，江门市开始管五个县，后来连阳江、阳春都划了进来，之前我只是管一个县，江门毕竟是一个市。”省委拟定的班子名单中，有三个是我原来的上级，有佛山地委副书记、副专员，还有原江门市委书记李天祥同志，他也是一名老革命，这三位都曾是我的领导。另外再看看其他的年轻人，全部是学士、硕士。我觉得论什么我都是最差的一个，我说：“先不说要领导江门市的几百万人，单单是领导好领导班子就已经不容易了。”所以我曾找省委书记任仲夷谈话：

① 即煤油灯，是电灯普及之前的主要照明工具。

“最好是另选贤能啦，我可以不坐顺德县委书记的位置，在顺德随便找个岗位给我也没有问题。”省委决定再考虑，谁料只是过了三天，省委就有了决定，严肃地问我：“你到底去还是不去？如果你不去江门就去海南岛啦。”我当然不想去海南岛，海南岛地方偏远，我又不熟悉情况。江门虽然不太熟悉，但是毕竟在同一片地区，都有一些朋友和知情况的人，所以说我是被迫到江门的。但既然在这个岗位，就要对江门的人民负责，当江门市委书记一共是七年，开了党代会换届我就离开了。

1989年调我到广东省特区办当主任，做了半年。特区办的级别很高，属于正厅级。工作比较清闲，只管理二十二个人，上班时大家都在看报纸打发时间，够钟就下班了。我想这样下去不行，特区办除了管理特区的事情，还要找事情做。特区办中科长一级的有十个八个人都没有住房，不安居又怎能乐业呢？于是我从顺德借了两百万，买了十套房安置特区办的人员。

那时我们还管理着二十多个离退休老干部，因为单位经济能力有限，去探访他们时就连利市[①]都没有。我们三个正副主任挤在一个办公室，地方很小，如果有人来访，其他两个人就要回避，电话也要轮流使用。我看见外经贸办的条件就比我们要好得多。我认为想办法解决科长们的住房问题，不能单靠上级支持，同时也向我熟悉的朋友筹集一些资金，发给离退休的干部作为补助，我也向他们反映单位的困难，他们都很理解。现在特区办已经撤销了，但我与特区办的同志感情很好。

1990年我到广州任职，到1998年正式退休。在1997年底就完成党代会的任务，那时我已经64岁了，就立即申请退休。其实在61岁再选举我为市长时，我已经申请退休了。广州藏龙卧虎，有很多人才，本来轮不到我的，是历史机遇和人民的信任使我当上市长。我是农民出身，耕田就在行，以前也只是管理小城市。我的从政经历大致是这样了。

---

① 广府方言，即红包。

我是如何认识粤剧和粤曲呢？其实早在我当农民的时候，在姐夫家里就开始接触粤剧。那个年代没有其他文艺节目，也没有文化生活的，除了舞狮子、划龙船，晚上的节目就只有看大戏。我做农民打工时就看大戏，由于工资低，买不起戏票，就站在戏棚前两米的“企位”。这些位置是先到先得，如果赶不上就没法看了。《火烧连营七百里》《三气周瑜》等戏讲历史故事，我越看越觉得有味道，越看越觉得印象深。老实说，我很努力学习，除了写字外，我还喜欢读书，中国的四大名著我全部看了几遍。其中我最喜欢的是《三国演义》，然后是《水浒传》，因为我觉得书中描述的军事策略等都很有教育意义。看书与看戏是两个不同的概念，但是也有相通之处，剧目是把历史故事整理出来搬到舞台上，演员表演，活灵活现，这时我对粤剧开始上瘾了。做农民的时候，到了农历七月初七，就请一些盲人来拉奏粤曲，那时已经有《平湖秋月》等曲目，我觉得这些音乐很好听。我就是通过这种方式接触粤剧粤曲，所以应该说我自小就接受粤剧粤曲的熏陶。

在我当顺德县委书记时，顺德有三个粤剧团。“文化大革命”后，剧团演了一部戏叫《三打白骨精》，因为当时江青等人还未审判，上级就指责我们，说我们影射江青。我觉得《三打白骨精》的确有所指，但是为什么江青不能被影射呢？这部戏深受群众欢迎，作为领导，我觉得应该要支持和发展粤剧，因为它有教育意义。

我到江门任职时，是江门粤剧团最困难的时候，我也助了他们一臂之力，使它能够重新振兴，一直发展至今天。我很佩服余阳丽[①]，红线女叫她回广州她没有答应，坚持在江门工作，这就是同甘共苦，精神可嘉。

何　车：那时我认识你了，记得和你食过一次饭。

黎子流：不奇怪，其实很多粤剧演员我都亲自接待的，我觉

① 余阳丽，江门粤剧团演员，师承著名表演艺术家红线女。

得应该尊重他们的艺术。他们来到顺德县演戏，我也看了很多。文觉非[①]来龙江演戏，他演的喜剧是喜中有泪，这是很难得的，证明他是水平很高的演员。他走上舞台，观众就会笑，艺术上有他独特的地方，这是经过刻苦磨炼的。

江门是侨乡，这是侨乡唯一的一个剧团，它代表侨乡走向世界，受到当地群众的欢迎，它能够自力更生离不开自身的努力。

何　车：你的大力支持也是一个重要的原因。

黎子流：这是应该支持的。来到广州后，我组织成立了广州市振兴粤剧基金会，到今天已经有二十二年了。

红线女到顺德演出，深入农村体验生活时，我与她就有接触了，我很早就认识红老师了。因为我自己文化水平低，接受粤剧艺术的熏陶，从初步接触到认识提高，自己受益很多。

我曾研究顺德粤剧为何出了三大流派[②]。

第一，粤剧是集文化艺术娱乐教育于一体，不管是喜剧还是悲剧，最后都是教育观众要做好人，坏人是一定会受到惩罚的。我很佩服薛觉先，他是我家乡龙江人，他曾说："粤剧是第二所学校。"他身体力行去推动粤剧的发展。他是一个改革派，在粤剧改革方面走在最前。粤剧能够教育人、熏陶人，我就像走进粤剧的人物和故事中一样，不管是历史剧还是现代剧，都有很深的感受。

第二，粤剧是具有民族特色、岭南文化色彩浓厚的剧种，为什么我们不提倡它呢？它是有几百年历史，经过很多代艺人的奋斗，才形成的一件珍宝。我们一定要扶持、促进和发展粤剧。我成立广州市振兴粤剧基金会就是基于这个想法。但是，只有政府才能起主导作用。举个例子，基金会就算倾囊相助，也建不了粤剧博物馆。我们只能做一些党和政府顾及不到的事情。基金会与

---

① 文觉非（1913—1997），著名粤剧丑生演员。

② 粤剧主要表演流派有薛（觉先）、马（师曾）、白（驹荣）、桂（名扬）、廖（侠怀）五大流派，前三人都是顺德人，所以说顺德出了三个流派。

我以前帮助、扶持剧团的行动性质并不一样，它更多地通过民间渠道，起到拾遗补缺的作用，量力而行，尽力而为。

第三，粤剧的音乐旋律优美，深受群众喜爱，其他剧种无法代替。它丰富多彩、开放包容，吸收了中西文化。我认为在这么多地方剧种中，粤剧音乐唱腔是走在前面的。粤剧的音乐很优美，有的表达慷慨激昂，有的表达喜怒哀乐，有的表达嬉笑怒骂，节奏感很强，故此很吸引人。

何　车：粤剧音乐优美是全中国都承认的。

黎子流：因为它与其他剧种不同，粤剧和广东音乐都具有岭南特色，艺术来自民间。例如《赛龙夺锦》，是番禺人何柳堂编的，何柳堂参加了赛龙舟，然后吸收了赛龙舟的精神编写出这一首乐曲。《雨打芭蕉》也是反映我们岭南特色的一首乐曲，描述的是下雨时，雨水拍打蕉林的声音。

第四，粤剧粤曲是我们的传统文化。要有一定的古文修养，才能撰写出好曲。中国的国学是应该大力发扬提倡的，我们的语言是言简意赅的，一句话可以表达的意思就胜过其他外语几十句。例如刻画陆游再进沈园，就有一句“斜阳画角哀，诗肠愁满载”，仅仅十个字，就表达了陆游怀才不遇，爱国却无门可报，同时受封建思想影响，情场失意的心境，充分表现了陆游的性格。

我曾跟叶选平介绍这句曲词：“斜阳画角哀”形容他忧国忧民，心情很悲壮，报国无门；“诗肠愁满载”表达他虽满腹经纶，但无处可用。如果你不懂古文，就不能体会这种意境。所以我们提倡学习古文，它可以与粤剧结合起来，使粤剧容易为大众所接受。

粤剧的特点和作用应该要重视，它主要包括三个方面，表演、粤曲、广东音乐，三者缺一不可，各有不同的作用。演戏时都唱做念打不会缺少这三个元素。而粤曲是从广东音乐中提炼的，当然也有吸收其他剧种的音乐。作为领导者应该振兴、发扬和发展粤剧，同时要创新，与时俱进。这样的领导才算是两手一起抓，一手抓物质文明、一手抓精神文明。改革开放以来，百花齐放，各地的文化艺术元素都要吸纳，但是不能忽略了本土文化，否则就是“手拿金钵乞讨”。要珍惜本土文化，不能自我放弃。有人说：“粤剧被评为非物质文化遗产后，就只能摆在博物馆，很难再有发展。”其实不然，我们要看到未来，看到实际情况，“文化大革命”的十年给粤剧带来了很深重的灾难。我的观念是，粤剧不但能够立足于本土，面向全国，还能够走向世界。当然现在有势头了，但是远远未够，我们的路还很长，不可能一蹴而就。教育是“第一课堂”，它是“第二课堂”，为什么抓好“第一课堂”的同时不抓好“第二课堂”呢？

我接触粤剧比较多，粤剧的艺术家、编剧、导演都是对我有所教益的，每个人都是我的老师。本来我完全不会唱，但我很有兴趣，喜欢听。到广州当市长，1992年成立基金会，接触的艺术家多了，就学到了一些皮毛。后来我还发现可以通过粤剧为社会出点力，可以义唱义卖。高高在上当官没有用，你只是人民公仆，也是老百姓的一员，应该与群众在一起。当然我唱得不好，不是“撞板”，就是“抢板”，我未学习过，所以没有基础，我唱曲最主要靠听录音，录音稿是我师父。

我是通过听，然后逐句学唱的。最早登上舞台，是在全国人大会议。人大会议每年在“三八节”都会召开妇女庆祝大会，当然也欢迎男士参加，领导们都会出席。有一次红线女邀请我上台唱一段曲，我说：“不行啊，我没有学过。”她就说：“我教你。”《搜书院》中一句“敢问姑娘何以愁容满面？”我就学了很多遍，当然我是跟不上的，但是基本都能唱出来。

我与粤剧曲艺走过的历程，影响了我做人，也影响了我当领导，经常警醒自己，要当个“包青天”。做不了十足，也要有几成。当然不能连酒也不喝，我平时很少饮酒，但我的酒量很好。记得洽谈白云机场搬迁的时候，就饮了很多酒，当时计委副主任和秘书都醉倒了。所以我说这是甜中带苦，苦中带甜，我是为了得到上级的支持才喝酒的。

何　车：别人出酒，你出命啊，哈哈。

黎子流：我当市长时真的不饮，饮酒是迫不得已的事。广州市属于第六级：广东省委、广东省政府、大军区、广东省军区、中央直属单位，我们就在他们的领导下。如果要搞建设，必定要与这些上级打交道。做市长能够做成一些事情，能为这个城市做一些基础建设，我就觉得心满意足了。但是苦也很多，记得那时每天晚上我只有时间看看电视新闻，其余什么都看不到，都是在办公。市民来信最多的时候是一天七十七封，有时深夜都会办公。有次凌晨一点多在批阅文件，女姐打电话给我说："我有些事情想不通。"我就说："女姐，你有什么事情想不通？明天谈可以吗？"女姐说："不行，我不能入睡。"我问她我是否要立刻过去，她说不吐不快，于是我就去了。她是艺术家，我应该尊重她的，红线女爱国，一生都忠于粤剧，矢志不渝。同时她重视培训青少年，她八十多岁的时候还与我一起到龙江参加"纪念薛觉先"的活动。我说服她帮忙培训青少年，听小朋友唱几段《荔枝颂》，指点他们哪里不对。她很重视这项工作，这是令我敬佩的。至于女姐的艺术成就，我没有什么发言权，国内外早有评价。她是一位值得我们怀念的老师。

何　车：听了你对粤剧的见解，我觉得喜欢粤剧的人很多，但是像你这样有条理地分析是很难得的。你要把这些东西说出来给年轻人和有关领导分享。

黎子流：要逐步来做。其实领导们都很重视粤剧的，例如陶铸、赵紫阳、杨康华、王匡[①]等都是外省人，但是都很支持粤剧。

何　车：当时《山乡风云》就是王匡主抓的。还有一样我们比不上你的，你唱粤曲起点高，一开始就与红线女唱，哈哈。

黎子流：那天是三八妇女节庆祝会，是女姐带着我唱而已。

---

① 陶铸（1908—1969），曾任广东省委第一书记、中共中南局第一书记。赵紫阳（1919—2005），曾任广东省委第一书记。杨康华（1915—1991），曾任广东省副省长、广东省政协第一副主席。王匡（1917—2003），曾任广东省常委，候补书记。

何　车：有个问题我们很想知道的，广州市曾经举办了一个很辉煌的“市长粤曲演唱会”，这个演唱会是谁筹办的呢？

黎子流：这个“市长粤曲演唱会”其实有两个目的，第一是接受了省的扶贫任务，省扶贫协会缺一笔钱，我认为可以想想办法。当时“教育基金百万行”公益活动都有一些“荣誉市民”赞助。其实观众不是听我唱，而是听艺术家唱，我是唱态度、唱精神。

第二是粤剧不能只是广州重视，还要力所能及地调动各个市。有兴趣参与的有些是市长，有些是市委常委，有些是宣传部长，每人唱一段。我记得一共筹集了一千六百多万元，全部交到省扶贫基金。我请了汪明荃参加，她是香港著名演员，我与她唱了一曲。

何　车：这次你不用害怕了，因为你已经有和红线女对唱的经验。

黎子流：那时只是试唱，其实那天我还在医院打吊针，但是确定了日期就不能更改的，我与她对唱《十绣香囊》。这次主要是为了“扶贫”，我从中领悟了一个道理，粤剧粤曲艺术不但可以为人民服务，让人民享受，还可以与社会慈善公益相结合，有一定的号召力，可以做成一些好事。

何　车：这个活动总策划应该是你吧？

黎子流：总策划由懂艺术的人负责，我只是提倡，同时找赞助、捐助人士。

何　车：以你的号召力这不成问题。

黎子流：那不一定啊，搞了活动，也可能会空手而回的呀。这件事是好事，第一能够宣扬粤剧，第二能够扶贫，第三能够推动各个市的领导支持粤剧，支持扶贫。

何　车：很多人都记得这件事，还常常问：“为什么不叫黎市长搞第二届呢？”

黎子流：我等于搞了第二届了，上次和陈建华市长唱，他下了很大决心，学了很多遍，他的公务很繁忙，大家要原谅。我对他说："你上台唱，效果比开一百次会还有用，一方面表示你对粤剧文化的重视，另一方面也和老百姓拉近了距离。"

何　车：你和女姐、汪明荃等很多花旦都合作过，你这么喜欢唱粤曲，你家人是否反对，有没有支持你？

黎子流：我一家四口人分为三派，我是积极支持派，我小儿子就认为粤剧曲艺没希望了，刚刚改革开放的时候，他喜欢听流行曲，他对我说："为什么你要做这些事情，没有用的。"所以他是反对派。妻子和大儿子就是中间派，既不反对也不支持。后来就慢慢分化了，特别到退休后，邱姨[1]也慢慢喜爱粤剧粤曲了，可能是听得多的缘故。

何　车：听说她现在经常唱粤曲。

黎子流：她只是学唱而已。老实讲，她比我还是差一点。因为她不会用声，年纪大了，声音也不是太好。她在群众曲艺社、老干活动中心学了几年，逢周六就积极去学。有时也会到顺德，顺德有很多曲艺社，两百多个曲艺社，从周一到周日都有安排。我因为承担了一些社会任务，没有时间去学习，倪惠英与我拍档多次，就经常会给我纠正。记得红线女曾经教我："唱曲不能靠大声，那是嗌歌，不是唱歌。"见到我这么艰辛地做这件事，我的家庭也受到感染。

2012年，我全家大小都来听我唱粤曲，包括我的孙女和年纪最小的孙子，就连最反对我唱粤曲的小儿子也来了，他还捐了钱。在顺德唱粤曲时，我最小的孙子，只有十岁就上台献花给我。我大儿子有个好朋友罗耀辉就是打扬琴的，在顺德有时间就会到新领域曲艺社，他说："我不会唱，但我会听。"小儿子慢慢开始支持我了，他见爸爸这么辛苦为粤剧，为本土文化出力，接触多了就慢慢改变了。我引导家人身体力行爱上粤曲，就把原来的三派基本变为一派。

何　车：黎会长，我记得2004年时，我在广州电视台搞了一

---

① 邱姨，邱熇文，黎子流的妻子。

台元宵晚会，你在唱《广州好》时，你改了别人“三年一中变”的曲词。你不但改了，还学戏班的人把曲词写在手掌上，看着唱，哈哈。

黎子流与黄嘉裕合唱《广州好》

黎子流：这是跟老师学的嘛，我不是经常排练，有时候会忘记曲词。

何　车：特别是这些新创作的曲目。

黎子流：如果我与你拍档上台，能够与你先合一次乐队，就已经算是排练了。没有办法，因为时间不够。有艺术家为我壮胆就不会太紧张了。

何　车：那天与你唱的不是艺术家，那时她是九岁大的小女孩，现在在香山粤剧团担任主要演员了。

黎子流：茁壮成长了。

何　车：得益于你的培养。

黎子流：不能这样说，是大家培养她。

何　车：有你的鼓励，她才去了粤剧学校，毕业后到香山粤剧团。

黎子流：粤剧培训青少年是一件很重要的任务，除了粤剧学校外，我们还会送一些小孩到北京学习。本来有意向组织一个青年粤剧团，后来因为各方面形势的变化没有办成。但是这些年轻人分散到各个地方后，大部分还是成材了。我非常主张多给机会青年演员。

何　车：对啊，就像你的从政经历一样，如果不多压担子，又怎会有如此丰富的经验。接下来还有一个话题，凡有新戏，你一定会到场看，但是看完后记者们问你对戏的看法，你都是赞好的。

黎子流：这是肯定别人的劳动成果嘛。

何　车：站在你的立场，肯定要说好的，因为你是领导嘛。

黎子流：特别是新编剧，你讲不好会打击他的自信心。

何　车：如果不是站在领导和会长的位置，以你个人的见解，你会觉得有哪些戏不那么好看呢？

黎子流：我喜欢《梦断香销四十年》，是罗家宝主演，陈冠卿编写的。罗家宝后期成熟的作品，里面六首曲都十分好，水准很高。

我佩服的不仅仅是某一个人。一部戏能够编好一首新曲，作者肯定要全身心投入，编写的人一定要有戏班实践的经验。如果编粤剧、编粤曲是闭门造车，就一定不能出精品。以前看戏印象最深的是《火烧连营七百里》《三气周瑜》。我进广州之后，也提倡粤剧继承优秀传统，既要发扬传统艺术，又要紧跟时代的步伐创新。所以既要有古代戏的改编，也要有外省剧种的移植，同时不可不创作一些新的现代戏。

我看过觉得比较好的有几个戏，第一个是《山乡风云》，当时很多大老倌都参演，搞得很成功。这个故事是从吴有恒住在顺德清晖园时写的《北山记》中抽取出来的。这部戏编、导、演都很成功，剧情紧凑、扣人心弦。第二个是《刑场上的婚礼》，这部戏选取了广州起义时的故事，而且不断修改演出，情节构思吸收了一些时代元素。我和红线女一起看了这部戏，那次我第一次见红线女饮酒，她说要饮“酒鬼”。

何　车：湖南的“酒鬼”酒？

黎子流：是啊，白酒！准备演出前，我们与演员食饭。我对女姐说：“你们这么辛苦来到这里，你够胆喝一些酒吗？”她说：“得，我跟你喝三杯。”最后她真是喝了三杯酒，她很高兴所以上台唱了一段。第一晚唱的那首不行，很难上口，我对女姐说：“不如你还是唱《荔枝颂》吧。”第二晚她唱《荔枝颂》，效果就完全不同了，全场热烈鼓掌，因为大家听惯了。这首歌的确不错，有时代气息。

《刑场上的婚礼》最好之处就是感情投入，主人公以国家和人民的利益为上，最后壮烈牺牲。

第三个是带点高雅色彩的《花月影》。这是以粤剧艺人的生活为背景编写的戏，吸收了很多新的元素，曲比较动听，倪惠英担纲演这位女主角也演得比较成功，表现了她刚烈的气节，忠于爱情，不受恶势力所逼。《花月影》的歌舞都很美妙。

文觉非的戏我也很喜欢，他演喜剧为主，粤剧的“六柱制”导致喜剧少了，文武生、花旦的戏倒是多了，武生戏也有，但不算太多。武生戏有演关云长、包青天等。前年，我回顺德建议一定要花钱编一部新剧，想办法令它成功。当时何笃忠老师帮忙搞，但是还未成熟，演员未能投入感情。其实一部戏的成功首先是编剧的成功；第二需要有高水平的导演，要贴近群众、贴近历史、贴近实际；第三就是需要演员全身心投入角色，如果不能融入角色就没有味道了。戏是演给观众看的，台上台下要有感情的互动，要把人物带到观众心上，把观众的心弦扣在舞台上。

我不是说上述的剧目没有缺点，它们还需要精益求精。如果说有哪些剧是我不喜欢的，全场都不好的戏我认为是没有的，但是缺点我也记得不少。最重要还是编剧、导演的问题，还有就是演员的水平。不是国家一级演员才能够演好戏的。长江后浪推前浪，老艺术家要称赞新人才有希望，仅仅是新人赞老艺术家就没有用了。我在广州有参与研究《土缘》这部戏，主要是提供一些农村的历史背景和情况，包括“知识青年上山下乡”时的一些真实的政策等。

《南国红豆》播放的节目，有些我并不喜欢看，有一些节目搞笑但比较庸俗，我在这里就不便讲太多了。

何　车：这主要是迎合一些小市民的口味。

黎子流：关于市民的意识，作为电视节目都应该具有引导作用。如果要迎合大多数的市民，就应该要引导他们向上，不管是什么类型的节目。要做到幽默而不庸俗，能够使观众喜中带泪，不要有过于下流的语言。我认为不能迎合那些低俗的口味，这是没有市场的，最后都要走向消亡的。现在有很多剧目都显得不够成熟，因此演不了多少场。

《风云2003》[①]是一部好戏，但是编剧没有认真请教钟南山[②]，这是一大缺失。抗击“非典”时牺牲的不是记者，而是一名护士长。我看了两遍，就认为这点是不行的。另外蒋文端[③]演的书记，在危险的关头应该当机立断，要有书记的风范。她要集中指挥全局，在人民的生死关头，站在第一线，在最高点寻求出路，救援人命，在这一点上蒋文端同志拿捏得不够到位，比较平淡。

何　车：这与编、导有关系。

黎子流：哈哈，编、导是前提，蒋文端是一位水平较高的演员，记得我曾与她对唱，她还教过我。《南海一号》[④]编得不好，水平一般，没有什么特别动人的情节，构思不理想，不能吸引人。当然这些都是私底下的建议，公众场合我是不会说的。

何　车：今天我就是想听听你私下的意见。你刚刚提及的两个戏，我都有同感，其症结是编和导都没有亲身经历，没有那种感受。

黎子流：对啊，例如陈冠卿编剧时，会一边写一边流泪，原因是他能够把感情融入到剧中人物里，他把自己切身的感受和对生活的体验都写进剧中。

何　车：现在的编剧没有这种感受。

黎子流：我觉得编剧一定要跟随戏班，否则是不行的。

何　车：再说《南海一号》，编剧连广州话都未熟悉，他没有这种情感。我同意你的说法，要对粤剧有感情，需要更多的经历。黎会长的确是真知灼见。

黎子流：说不上真知灼见，只是个人感受而已。我现在已经

---

① 新编粤剧，主要讲述2003年抗击“非典”时的故事。

② 钟南山，中国工程院院士，教授，呼吸病学专家，2003抗击“非典”先进人物。

③ 蒋文端，广东省粤剧院著名演员。

④ 广东省粤剧院新编粤剧。

不是领导了，这是作为一个观众的感受而已，我希望每一部戏都能够成功。鲁迅写文章也需要反复修改的，因此我认为每编写一部新剧都是一种探索，这是需要肯定的，但是成功与否，我心中有数。是否成功就是以广大群众的鉴定为标准。

何　车：最近《南海一号》在香港演出。

黎子流：省剧院也有一部戏是以粤剧演员为主线的，戏名是《梦·红船》。这部戏不成熟，后面讲述主人公壮烈牺牲，场面是值得保留的，但到最后全部没有了。它没有集中反映抗日，日本人出场的机会很少，这是最大的缺陷。现在党中央很重视抗战的相关内容，卢沟桥事变都被作为重大事件纪念，如果这部戏以粤剧红船为背景，插入抗日期间真实发生的事件作为题材，这部戏的效果会更好。

何　车：它现在写的故事出现了很多人物。

黎子流：对了，有土匪、汉奸、日本侵略者，冲突太多，不知道哪一个才是主要矛盾。

何　车：这个戏本身的立意已经错了，它讲述红船的故事，但是1945年左右已经完全没有红船①了。从1941年开始，粤剧戏班已经没有使用红船了，不能硬把并不存在的东西跟时代结合起来。没有像你那样的生活经历，没有对日本人那种切齿的仇恨，没有国仇家恨的感受，怎能写出好戏呢？

黎子流：可以深入历史，认真研究过去留下来的东西，可以以南京大屠杀为背景。《梦·红船》的名字不适合可以改，你说得对，那个时代的确已经没有红船了，红船是以前存在的。

何　车：红船的历史大概只持续了百年左右。

黎子流：它主要集中在江河密布的地区，那时候还未普及汽车。

何　车：主要是珠江三角洲。上述问题比较敏感，下面我们

① 粤剧过去演出地点主要在珠江三角洲，为了方便运载演员和道具、装置，选择了用红船作为运输工具。

就谈一些平和的问题吧，希望你谈谈做会长这二十年的经历。粤剧“申遗”从2003年左右就开始筹划、准备，记得第一次申报是不成功的。2008年我在北京签署有关“申遗”的文件时，有一点对我感触比较大的，要与黎会长交流。“申遗”文本是省、港、澳三地政府共同签署的，同时向联合国提出申请，其中有一个条款我有很深的印象，就是承诺每年我们投入多少资金来排演新戏，每年投入多少资金挖掘传统，每年要花多少资金出版DVD（数字激光视盘）/CD，还有每年要花多少资金出版艺术家的书籍。现在我在这方面努力工作，但是切身感受到困难，今年我计划组织一场《粤剧流派唱腔展演》，就是把所有的粤剧流派唱腔，包括薛、马、桂、廖、白、红线女、芳艳芬、大珠（林小群）、上海妹、虾腔[①]和风腔进行汇演，演一晚是不够的，最少要演出两晚，我好想把这些都搬上舞台。计划已经做好了，在这里希望呈上贵会争取最基本的启动资金。

黎子流：今年举办就来不及了，基金会的资金已经全面安排好了。

何　车：哎呀，我在今年三月份已经把计划提出了。

黎子流：这就是理事会研究的问题了，我不能代替理事会行使这个权利。

何　车：我与政府谈都未有答复。所以我才会找作为民间组织的基金会，我很希望能够办成这件事情。

黎子流：这件事如果你的方案已经完成了，我个人觉得是件好事，但是好事有很多，一次很难全部办成。基金会理事会需要研究，我有时间会出席，但是忙的时候也会缺席，一些重大的事情我会提意见，但要尊重理事会，尊重刘长安[②]。这件事今年办不成，明年也可以继续办，各大流派唱腔的精品演唱，会有市场的。

---

① 虾腔指罗家宝的唱腔。

② 刘长安，著名作曲家，现任广州市振兴粤剧基金会理事长、广东音协主席。

何　车：节目我已经编排好了。

黎子流：你提的这个问题引起了我的深思，今后粤剧的走向，具体来说就是要培养新人才，编出新名剧，要有好戏、好曲，最后就要开发新市场。办到这几点要有以下因素，第一，党政领导、机关积极重视，现在广州市委、市政府是非常重视的，建华市长也非常重视，我退休后曾说："在广州，只有重视搞好粤剧才有资格当宣传部长。"我们是文化大省，如果缺少了粤剧，又怎能称为文化大省呢？所谓重视就是从各个方面入手，当然资金的安排是重要的，有没有投入，投入排在第几位，文化艺术的投入有多少都要全面考虑。我当过市长知道，粤剧困难的时候我经历了，所以我说政府要有基本制度和政策来扶持粤剧的发展。基金会的扶持是民间的渠道，政府扶持才是主要的渠道。据我所知，政府是有投入的，应该是比较重视的，但事情总会有先后之分。

第二，粤剧本身要真正发奋、振兴、改革。另外，要根据市场的走向培育新市场。我们既要"阳春白雪"，五万元、十万元一场演出，其价值是远远不止于此，又要"下里巴人"，迎合现在的市场。所以除了剧团外，就要像过往历史上我们有些小分队，深入到工农群众中去。粤剧节的时候，我去吴川，看到有两万多观众看戏，我第一次遇到这样的场面，不简单啊。如果在剧场，有一千多人就已经很厉害了。吴川是名副其实的粤剧之乡。粤剧在吴川有群众基础，所有喜事和喜庆的时节都要演粤剧庆贺，而且当地的企业家在外面赚到钱，都会回报乡里，包下三四晚粤剧进行惠民演出。这就是粤剧群众性的体现。

我主张看戏要收费，要像文化中心那样，票价要有体现，不同的剧场定不同价位的票，最少能够收回一部分的钱。我不主张派票，买票看戏难道很困难吗？如果把票派给领导，有时候不是本人来看，会给保姆、朋友和老人家看，派票给领导是为了请领导来指导和提意见的。所以粤剧自身要研究如何走出一条新路。

何　车：就你的观点，我要跟你汇报情况。去年我们在中山纪念堂演出[1]，四百元一张票，结果纪念堂全部坐满。

黎子流：所以我主张要卖票，票价有平有贵，要有不同的市场。

何　车：粤剧绝对有市场的。

黎子流：不可能老是赠送戏票请人来看戏，相信很多观众还是有能力买票进场看戏的。

何　车：当时市文广新局局长陆志强都说有两个想不到，第一，近几年没有看过这么精彩的粤剧；第二，想不到纪念堂三千多个座位全满。

黎子流：基金会筹集资金扶贫，梁耀安曾在那里演过一场，也是全场基本满座，一共筹得二十多万元。如果单纯地从营利的观点出发的演出我并不赞成，粤剧有惠民的性质，政府应该花点钱让群众看戏，让年轻人看戏，这样观众能够以比较低的价钱买票看戏，自然就有买票的观念。当然大部分需要政府和企业家资助。

粤剧界要努力，社会需要关注，关注就需要出力。很多大型企业是依靠改革开放发展起来的，它有三个原因：一是企业人本身的聪明才智；二是有改革开放的大环境，造就了企业的发展空间；三是企业员工的付出和汗水，他们花了心血。作为民营企业者，赚到的利润应该有计划、有步骤、有比例，按照自身的意愿回馈社会。社会有公益事业，不仅仅是救助贫困，还有文化扶贫。薛觉先所说的“第二学校”是应该给予支持的，例如可以支持剧团演出一百场。如果谁有好的点子和方案，经审议后认为可以，便可实施。花钱占总开支的比例有多少？这是可以计算的。当然广州有广州的难处，市长也有市长的难处，我当过就知道情况了。举个例子，如果市政府收入一千万元，其实就只有三百万元，其余的七百万元都上交国家了，要顾全大局。但我们局部就有困难了，广州市财政收入不错，但是要上交国家，上交省，

---

① 指广东粤剧銮舆堂举办的“龙虎风云会”晚会。

然后才是自己可分配的。当时有人问我政府财政收入高有什么好处，我说："什么好处都有，唯独财政不可自主。"那时取消了包干财政，这种方式可以"水涨船高"，例如一年包干一千万元，超过的部分对半分成，那就不错了。所以我觉得社会发展起来了，部分先富起来的要回馈社会，支持粤剧艺术文化和教育事业是应该的。只有这样做，你才能得到安慰，才是真正的企业家。所以我常常劝我的朋友捐钱。

何　车：你身体力行，已经捐了不少了。

黎子流：我那些是有限的，全部拿出来就只是一份退休金。

何　车：精神可嘉。

黎子流：如果按比例计算，我就算厉害了，一年中最少捐出三个月工资给各种事业。三个月工资就是三四万元，算是很好了。记得我初来广州也只是八百元一个月，我问过东方宾馆的员工，他们比我要高，有一千二三百元，哈哈。

黎子流在庆祝广州市振兴粤剧基金会成立二十周年活动上演唱

何　车：我们转换轻松点的话题吧。我听说现在很多职位你都辞去了，就只有广州市振兴粤剧基金会和广府人恳亲会的职位还留着。

黎子流：现在还不断有来信请我当什么会长，我都拒绝了。已经八十三岁了，很多事情要逐步淡化了。

何　车：但是你还是全国推广普通话的标兵。

黎子流：应该讲是“推广普通话先进工作者”。全国共有五个人，目的是推广普通话和文字改革。我写简体字十个还有三个是错的，因为我不记得，还是写繁体字比较顺手。我有自己的见解，汉字简化是必要的，但是有些字简化得离谱了，例如“广东”的“广”字。所以我也是形势所迫。

从我刚才讲从政的这段历程，你就知道，我是不会讲普通话的，其实现实也不需要讲普通话，也不能够讲普通话的，因为农民听不懂，所以我不能说。直到1975年，那时鹤山的县委书记是山西人，开三级干部会议我要请翻译，他原来讲话一小时就变为讲了两个小时，我仔细听都领会不到三成意思。他说话就像开机关枪一样，夹杂着山西的口音，我完全听不懂。那他如何跟当地农民交流呢？

普通话很重要，全国必须有一种通用的语言，但不等于要消灭地方语言，我反对消灭地方语言。广东话是很厉害的，世界上很多地方都有人说广东话。

何　车：台湾地区目前就将普通话称作“国语”。

黎子流：我进入广州后，人大[①]有个规矩，一定要讲普通话。

何　车：开会讲？

黎子流：当然是开会讲啦，如果私下的就不用说了。如果开会不说普通话你就没有资格当市长，就会受到质疑、质询。

何　车：讲到你的普通话，听说你到人大开会时说：“我‘拒绝’接受人大的监督。”

① 国家权力机关“人民代表大会”的简称。

黎子流：那时我刚来广州，其实我说的不是这样，是翻译的问题，我说的是“自觉接受人大监督”。“自觉”两个字普通话很难发音。我知道自己有很多毛病，但我是推广普通话的。有很多广州干部提醒我，你经常讲错“广州市”，我说：“不是吧？”他们说我把广州市说成“广州‘死’”了。所以后来为了防止出现这种情况，每当我说“广州市”时都会把声音提高八度，这样就肯定不会撞板了。

何　车：后来我听说你说“自觉接受监督”时，肯定要用广州话再说一遍。

黎子流：我知道自己说得不准后，没办法就照着内容直念了。例如“势在必行”四个字，我怎样说别人都听成是“实在不行”，我没有办法说得准，主要是不懂发音。我觉得这比唱粤曲还要困难得多，所以很多都是我自己真正讲错了，别人在讲错的基础上再加工，就变成了笑话。但是这些笑话都是善意的，所以我从来没有追究过。

1997年，我退下岗位后，李鹏总理到广州视察中信广场，那时谢非书记还在，一行人在车上有说有笑。李总理一下车就问我的家庭情况，我说：“我家里有一个老婆，两个‘妓女’（子女）。”我原意是说我屋企有一个老婆，两个子女。我见他哈哈大笑，陪同的省委领导也是哈哈大笑，我心想可能大家误会了。我连忙走上去对朱琳[①]说：“可能我说得不准，我的本意是一个老婆，两个子女，如果我家里有一个老婆，两个妓女，估计我妻子不会这么大方吧。”哈哈。

何　车：这些讲错可以笑，有些讲错是不能笑的。胡楠卿去世的时候，你说的“一支公（一鞠躬）”。

黎子流：那是后来传为笑话的，当时环境是这样的，胡楠卿同志是参加二万五千里长征的老红军，由高祀仁[②]致悼词，“搞

---

① 朱琳，前国务院总理李鹏的夫人。

② 高祀仁，时任广州市委书记。

死人”[1]我没有讲过，是别人胡编乱造的。当时我是主持，下面全部是老领导和省市的老干部，我要说“一鞠躬”，心想应该怎样说呢？主持稿中有好几句话我都没有搞清楚应该如何说，后来我觉得都是用顺德话讲最好，就说成了“一支公”。“鞠躬”两个字到了今天我还是没有办法说准。

何　车：今天还是说成“一支公”？

黎子流：都是差不多，也许有少许改进吧。当时在灵堂开追悼会。后来走出来后，一群省委老领导围着我说：“你这个黎子流怎么搞的，你刚才讲话搞到我们哭笑不得。”因为到会大多是领导干部，我心想不妙了。但是我有两点是好的，一是态度好，大会小会都讲普通话，提倡讲，不讲不行，讲不出就用顺德话搭救。所以机关干部在我讲顺德话的时候就要拿笔记本记，其实我是推广普通话的。二是我会慢慢改正，就算只是讲准一点点。我得出一个经验，讲普通话如果你讲不准，那就一定要讲得快。

何　车：让他们听不到，哈哈。

黎子流：要像打机关枪一样，当我第一句讲错了，你意识到的时候我已经讲到第三句了，这样就能够引开他们的注意力。所以我的普通话虽不准确，但比较流利，这是我讲普通话最后的秘诀。

何　车：这是经验之谈，值得我学习，因为我的普通话也不准。

黎子流：最准确是电视台的主持。我所知道本地的选举结果都是请电视台的播音员念的，他们是最准确的。你们笑我，其实很多领导人都不准确的，毛主席讲的是湖南话，邓小平讲的是四川话。我觉得普通话的推广要经几代人的努力。我从来没有学过拼音，肯定说不准，我讲的都是珠三角的土话，所以从这里出来的干部说普通话没有一个准确的，大家都是半斤八两。

何　车：还有“三个镇”的笑话。

---

① 这是个笑话，原是指黎子流普通话发音不准，把“高祀仁”说成“搞死人”。

黎子流：那些是编出来的，先到北滘镇，后入伦教镇，最后到大良镇（运用顺德话说）。如果讲出来就太俗了。

何　车：黎会长，非常感谢你今天抽时间参与我们的访谈。

黎子流：不客气。

黎子流老市长（前右）、《羊城晚报》资深记者彭寿辉（前左）、著名粤剧文武生欧凯明（后四）、何车（后五）与《访谈录》编务组工作人员合照

访谈感悟

他在河网交错，美丽富庶的顺德出生，一个乡村子弟通过农村艰苦生活，磨炼出坚定的信念和实干的精神。因缘际会，他走到了领导岗位上，却始终不忘农民的恩情。回首过往的岁月，虽然历经大风大雨，但仍然能够保持一颗赤子之心。铁骨铮铮的硬汉，从来不惧怕任何困难和险阻，为一方热土奉献了自己的青春，干一番实事。

少时聆听动人粤韵，从此结下不解之缘。时代的变迁磨灭不了他对粤剧粤曲文化的热爱和执着。应该安享天伦之乐的时候，他仍然奔走在城乡之间，为实现传承和振兴粤剧粤曲文化的梦想而不遗余力地忙碌着。他没有一丝一毫的怨言，更没有失去信心，他激情澎湃，选择坚定地走在前面，努力地向社会大众弘扬优秀的岭南传统文化。

黎子流，一个在我童年记忆中既熟悉又陌生的名字。眼前这位年过八旬的慈祥老人，虽然面上布满了岁月留下的痕迹，但他的乐观、睿智和豁达似乎在向大家证明他依然是那个和父老乡亲们一起，在顺德乡间的土地和水田里挥洒汗水的阳光少年。

区子珩

访问日期：2014年12月10日
访问地点：广州粤剧大院
受　访　者：尤娟儿
笔录及整理：区子珩

『润物无声育李桃』

——尤娟儿访谈录

尤娟儿，广东顺德人。曾拜广东曲艺“平喉四大名家”之一张月儿门下学习曲艺演唱。1951年加入广州曲艺大队，随队参与“抗美援朝”街头募捐活动。从1953年起，转职担任剧团行政干部，历任广州粤剧团人事干部、广州青年粤剧团副团长及政治指导员。“文革”期间，曾任广州粤剧二团党支部委员、广州粤剧二团革委会委员、广州粤剧团第二剧组组长等职务。20世纪80年代后，先后担任广州粤剧团一团、广州粤剧团实验剧团团长兼书记。尤娟儿业务能力突出，能十分熟练地驾驭剧团艺术生产工作，凭借良好的沟通技巧和灵活而不失原则的处事方式，在剧团行政、艺术管理等各方面工作中游刃有余。她是现今院团行政、艺术管理干部的一个学习榜样。

崔振强：非常感谢老尤抽时间接受我们采访，一年前，广州市政府专门成立一个抢救粤剧，发掘粤剧传统的工作小组，由现任市长陈建华担任组长，上级希望我们找一些老同志分享一些有关粤剧发展的历史。因为你一直在粤剧团工作，是剧团发展的见证者，难得有这样的机会，我们想了解一下这段历史。

我在20世纪70年代初刚进入剧团就认识你了，出了剧组后就一直在你的教导下成长。今天很希望你能为我们分享你的工作经历。

尤娟儿：好的。首先我要感谢粤艺发展中心，在我退休后一直很关心我，特别是一些青出于蓝的新青年领导。例如崔振强你，我每次回来，都会关心问候我，包括我女儿泳琴回来，你也会带来问候。中心已经退休的领导张力田、何成昌，现任领导叶建卫也是一样。我看到青年一辈能够继承和发展粤剧，感到十分开心。

这次回来，碰巧能够参与这次访谈，让我可以有机会回忆过去几十年的一些经历。前日我参加了陈焯荣[①]关心我们退休人员的敬老茶话会，见到以前共事几十年的，在粤剧界浸润成长的老同志，当时我感到十分兴奋，所以借这次机会我要感谢粤艺发展中心。

我的经历要从曲艺团开始说起。1951年，我跟随师父张月儿[②]从香港回到广州，适逢"抗美援朝"，我们上街宣传，动员群众捐献支援前线，募得资金主要用于购置飞机、大炮等。所以从那时开始，自己觉得喜欢这种生活，觉得很好玩，因为年纪小还不懂事，很想参加集体生活。我就跟师父说："我希望能够留下来，不跟你回香港了，可以吗？"师父也很通融，她同意了，并叮嘱我要想清楚，如果留下来是否能够照顾好自己。但是我对

① 陈焯荣，著名粤剧击乐师，多年来为原广州粤剧团离退休老艺人举办筹款义演。

② 张月儿（1907—1981），20世纪三四十年代广东曲艺"平喉四大名家"之一。

她说："能够过集体生活我很高兴。"当时的街头宣传并不是一盘散沙，是由市文联组织的，最初是尚德贤领导。

抗美援朝时期，曲艺大队组织街头募捐活动，二排左起第六为尤娟儿，第七为李少芳，后排左起第八为白驹荣

崔振强：他是老一辈的领导了。

尤娟儿：是啊，他组织关照我们这些从香港回来的艺人。当时从香港归来支持"抗美援朝"宣传的还有马师曾、红线女，他们还演一些很简短的街头剧。刚好有一个赴朝慰问团回来，要到各地传达报告情况，这时就要求组织一个宣传队配合他们到各地开展工作。

崔振强：通常报告完毕就要演一些文艺节目了。

尤娟儿：是啊。当时慰问团团长就是丁波，他以街头宣传的人员为基础，组织了这个宣传队，这时还未叫"曲艺大队"，称作"赴朝慰问团"宣传队，到各地宣传。当时的人员有白驹荣、关楚梅、熊飞影[1]这些老艺术家，还有一群青年。其中包括音乐演奏员朱海、黄文友、陈森、陈华等，没有舞台队。完成任务后我们从湛江回来，丁波提出要把这个宣传队保留下来，不要解散，在这个基础上成立曲艺大队。

崔振强：原来曲艺大队就是在“赴朝慰问团”宣传队的基础上建立起来的。

尤娟儿：是啊，这张照片中的人就是当时曲艺大队的合影，所有人员都在了。

1951年广州曲艺大队全体人员合照，前排左起第九为曲艺大队队长白驹荣，二排左起第五为李燕清，第六为尤娟儿

这时候除了音乐演奏员，还有少数舞台人员加入。曲艺大队成立后，政府就把东山恤孤院路24号给我们作为团址和基地。那时候由华南文工团（由以前周总理领导的几个地下剧队组成，解放广州后随军入城，他们的成员称为新文艺工作者）派了一批

① 白驹荣（1892—1974），著名粤剧演员，时任曲艺大队队长。关楚梅（1919—1990）、熊飞影（1911—1968），广东曲艺大队大喉唱家。

新文艺工作者来到曲艺大队担任辅导员。他们不参加演出，早期人员包括谢雪�、李宝莲、张翠梅[①]。后来就有林韵、杨瑞贞、陈群、杜素芳等，这些都是专业的舞蹈家。后来曲艺大队比较成型，除了一些曲艺节目，我们还排演了一些短剧，其中一部是《沉冤得雪太阳红》，配合当时“清匪反霸”的形势，由白驹荣、关楚梅等一批演员主演。那时候李燕清、薛觉明、区少基[②]等人已经加入，还排演了《劳动夫妻》。我多数担任“茄喱啡”[③]，扮演大衿姐那一类角色。因为我的唱功不行，故编剧陈晃宫专门编一些“白榄”[④]给我，让我数白榄，所以熊飞影就称我为“白榄王”。

后来觉得只有一个曲艺队是不够的，就酝酿组织一个国营的粤剧团，陆续在民间剧团找人补充进来。1952年前后，小木兰就是那段时间加入的，后来一般演员、武打演员、音乐演奏员、舞台人员都陆续参加。筹备工作基本完成后，1953年3月1日广州粤剧工作团成立，白驹荣担任团长，林韵[⑤]任副团长。当时文化局有要求，提出还要成立一个省级的国营剧团。那时有一句口号是“将帝国主义打落去，把民族遗产拿出来”，所以全部不要胶片戏服，第一个剧目就挑选了《白蛇传》，全套服装都是在上海定做的，全部使用顾绣。舞台、美术设计等各方面都响应了这个口号。

崔振强：当时《白蛇传》的演出十分轰动。

尤娟儿：是啊，由白驹荣、小木兰、薛觉明、李燕清、梁少声等主演，演出很轰动。当时市有粤剧工作团，省也成立了一个剧团，即有两个后期被称为“老国营”的剧团。省剧团中就有李

---

① 谢雪筠、李宝莲、张翠梅，均为广州解放初期的一批戏改女干部。

② 李燕清、薛觉明、区少基，广州粤剧工作团演员。

③ 源于香港粤语影片片场的俗语，泛指没有什么戏份的群众演员。

④ 粤剧念白中的数板形式，即把生活中自由的语言用固定的节奏规范念述。

⑤ 林韵，音乐家。

翠芳[1]。

崔振强：我知道了，是《搜书院》中的男花旦。

尤娟儿：是的，还有新珠、李飞龙、何紫霜、练玲珠[2]等。我们演出《白蛇传》后就排练了《宝莲灯》《红楼二尤》，当时这些剧目都很受欢迎。

崔振强：这些剧目观众的反映都很好。

尤娟儿：1954年就动员了薛觉先从香港回来，当时他在香港已经没有什么演出了。从澳门接他回来后就排演了《闯王进京》，之后就到上海演出，与当时上海一些京剧、越剧的名演员接触交流，拍了很多照片留念。1955年排演《花染状元红》，1956年他在舞台上离开了人世。后来我们从珠江剧团把罗品超借来演《梁天来》。借来罗品超时，我们就已经跟他商量与珠江剧团合并。

崔振强：当时有这样一个意向。

尤娟儿：结果1956年我们就与珠江剧团合并。那时除了两个"老国营"剧团，还有六七个"新国营"剧团，由文化局管理，但经济上仍然是独立的。其中有"珠、永、新"，珠江剧团有罗品超、文觉非、郎筠玉、少昆仑，永光明就有吕玉郎、楚岫云、陆云飞、小飞红，新世界则有靓少佳、郑绮文，这些演员都是单顶的。下来还有太阳升剧团，主要演员林小群、罗家宝，东方红剧团，主要演员李艳霜、陈笑风，南方剧团，主要演员曾三多，属于老一辈演员。这就是"新国营"剧团的情况。

1957年后期，我们跟省团酝酿把广州市的剧团进行大合并，在这些剧团中挑选人员成立广东粤剧院。这是第一次大合并，之后进行组合，首先是文团[3]，当中全是大老倌，包括红线女、罗品超、陈笑风等，可算是最强阵容了。然后就是武团，包括靓少

① 李翠芳（生卒年不详），粤剧男花旦，曾任广东粤剧学校副校长、教师。

② 新珠、李飞龙、何紫霜、练玲珠，广州粤剧工作团演员。

③ 指专门表演文戏的演出团。

佳、卢启光、陈少棠[1]等，还有好几人记不起了。还有一个喜剧团，包括白驹荣、文觉非、陈少珍、新名扬、谭玉珍等，后来他们演的《拉郎配》很受欢迎。最后一个团就是什么戏都演的。除了这几个团，下属还有剧团，毕竟大合并人员很多。这几个团分别是五羊、红棉、白云、珠江，珠江剧团有丁公醒、梁瑞冰，我只记得主要演员。这四个剧团艺术上受剧院管理，剧院帮助他们，其他方面都是自立的。1958年至1960年，省剧院成立花了两年时间，因为大合并都需要有一个过程。

说说我自己的经历吧。早在1953年，我已经参演《白蛇传》，做梅香演水族，因为我身材比较高，所以特别突出，不适合做演员。

崔振强：难找配戏的演员，哈哈。

尤娟儿：做梅香身材太高，也没有条件担任主要演员，就连一般演员都做不来。这样就唯有转业了，组织就建议我转做行政干部，首先转到办公室当出纳。做了几个月后就送我到文化局担任会计，当时也是一边培训一边工作。1953年，我加入共青团，1954年在文化局参加文化学习班。1955年便参加了反右运动[2]，有几个月离开了剧团。

崔振强：脱产参加培训学习？

尤娟儿：那时候已经不是学习了，是参加批斗，我记得当时著名编剧杨子静因为某些言论被作为批斗对象。那段时间培养我入党，1956年我正式入党，还记得介绍人是黎田[3]、黎民。反右运动后把我调回剧团人事科，之后我一直在人事科工作。当时人事科是由文化局人事科唐颂芬下调担任科长，之后唐波、朱真[4]也调到人事科。到省市分家前我都在人事科，那段时间由于我接

---

① 靓少佳、卢启光、陈少棠，武团的三位小武演员。

② 这里尤娟儿记忆有误，“反右派”运动于1957年开展。

③ 黎田（1929—2009），原广州市文化局副局长，音乐理论家。

④ 唐波、朱真，戏改女干部，时任文化局人事科科员。

触的事情比较多，所以整个粤剧团的变革过程都清楚。当时所有会议我都要参加，一边听一边做记录。1956年，李锐明[①]被文化局下派到剧团，在人事科工作，吴志明则在1958年从一所中学调到剧团。

崔振强：是常平中学。

尤娟儿：对，她就是1958年来报到的，以往她经常说："那时候就是你下来接待我的。"

崔振强：哈哈。

尤娟儿：因为我们人事科是在楼上办公的。当时吴志明还觉得这个接待她的人竟然这么高，初期她负责工会、家属妇女委员会的工作。我觉得党在这段时间一直大力培养我，很信任我，培养我这个天真无知的少女不断成长。几年中，我受到很多革命前辈的教导，在他们的影响下工作，例如唐颂芬在人保科就一直指导我工作、帮助我。朱真，她是一个很爽直的人，做事很干练，为人很有主见，对我的影响也很大。那时候，虽然我在人事科，但是经常到剧团中，尤其是剧团人手不足的时候。

崔振强：对啊，那时候行政人员都经常到团中帮忙。

尤娟儿：我记得成立剧院第二年，当时本来由朱真负责率团到海南岛演出，很多名演员都在团中，但她出发前发高烧，没法去，就临时要我代替她的位置。所谓"初生之犊不畏虎"，我就去了。到步后，要我做对外联系，实际锻炼了我，这为我之后的工作打下了一个很好的基础，我对此印象很深。后期市团成立后，我到团里工作，就是靠这些积累。

崔振强：某些程序或处理某些问题的方法都已经熟悉了。

尤娟儿：特别是对人的工作有了很深的体会。所以省市分家后，我到市团就要求成立一个青年剧团[②]，在各个团中挑选一些青年尖子组建这个剧团。成团后又是我与朱真两人负责带他们到

---

① 李锐明，剧团行政干部，后来与尤娟儿、吴志明等搭档工作多年。

② 即20世纪60年代组建的广州青年粤剧团。

黄村集训。任务很艰巨，持续了一个多月，早上学员在石地上练功，要求十分严格。那时经济困难，一钵饭要分开四份食，当然就吃不饱了。下午学员要到旧飞机场凿石劳动，晚上点着油灯进行政治学习，现在想来的确十分艰苦。那时候虽然闹了很多笑话，但是很多青年学员都非常听话，最调皮的就是潘玉麟[①]。他主要练习打跟斗，当时跟斗最出色的就是他、何家耀、何国耀[②]，陈德辉和李图暖[③]老师都比较严格，要求学员坚持在石地上练习。潘玉麟由于吃不饱，晚上就偷何国耀的饼干填肚子，跟着大家便吵吵闹闹，类似的笑话很多。

集训回来后，我们就住在下九路中山电影院二楼。那时候二楼是危楼，地板走过都有震动的感觉。我们就是在这里进行业务培训，开始选择演出剧目，经挑选后，一共选择了十三个短剧，具体在青年剧团的资料档案中也有提及，不用我详细介绍。有些剧目就找行内前辈老师帮忙指导和排练，有些则向外面剧团寻找协助，何国耀与陈锦心[④]排演的《铁扇公主》就是到京剧团找一个花旦指导，名字好像是……她后来来到我们剧团当教师的。

崔振强：王韵。

尤娟儿：对的，就是王韵。排了一段时间后，整体比较成熟就可以演出了，我们到增城各个公社巡回演出。我大半时间都在带队，后来因为怀孕不能继续带下去，当时是谭志基[⑤]骑自行车送我到汽车站，接着就是李锐明与吴志明接替了我，而我就回到人保科工作。经过一年多时间，他们演出回来就到南方戏院后面流水井[⑥]继续集训，开始排演长剧，《白毛女》就在这里排练

---

① 潘玉麟（1942—1996），原名潘伯华，当时被誉为粤剧的“跟斗王”。

② 何家耀、何国耀，何剑秋的一对儿子，擅长武技表演。

③ 陈德辉、李图暖，广州青年粤剧团跟斗老师。

④ 陈锦心（1942—1992），时为广州青年粤剧团演员。

⑤ 谭志基（1937—2001），时为广州青年粤剧团演员。

⑥ 现在南方戏院后面的街道，曾为“广州老艺人粤剧团”附设少年演员训练班、广州青年粤剧团、广东音乐曲艺团团址。

的。这段时间我还在人保科，青年粤剧团主要由李锐明、吴志明、时世宝[①]带队，罗剑飞[②]担任团长。

崔振强： 罗永强爸爸。

尤娟儿： 对啊。到真正演出时非常轰动，周总理来接见我们。后来离开了流水井就搬到了太平南[③]，我在这个时候再次落团工作。我们开始排《红灯记》，到北京请这个戏的副导演骆洪年[④]到广州指导，我亲自陪伴导演工作，一直到任务完成为止。《红灯记》反响很好，当时北京演这个戏的京剧团来观摩演出，包括袁世海、浩亮、刘长瑜[⑤]。我们在文化公园劳动剧场演出，演出后获得好评，袁世海特别欣赏黄志明[⑥]，因为他演鸠山演得特别出色。

崔振强： 当时是谭志基演李玉和？

尤娟儿： 对的。卢秋萍演铁梅，刘长瑜对她的演出也给予了好评。演出成功，大家都很高兴。接着我们排演《杨门女将》，由曹凤英演穆桂英，陈少梅演七娘，何家耀演杨文广。

崔振强： 对于首届青年剧团，这部戏的反响很大。

尤娟儿： 是啊，演员比较齐整。《杨门女将》后就排演《南海长城》，我又到“战歌”[⑦]邀请傅冰[⑧]来担任导演。我就是专职接送，每天如是，没有办法，哈哈，毕竟是请人过来的。当时青年剧团演出相当频密，卢秋萍之前没有来青年剧团，算是中途加入，她原来在陈笑风的春风剧团，后来就把她抽调过来。其他人都是一直在青年剧团的。

---

① 时世宝（1922—1992），时任广州青年粤剧团副团长，原广州京剧团团长。

② 罗剑飞（1910—1965），20世纪40年代星洲粤剧“四大天王”之一。

③ 现在广州的人民南路。

④ 骆洪年（1919—1998），中国京剧院导演。

⑤ 袁世海、浩亮、刘长瑜，均为著名京剧演员，《红灯记》主要演员。

⑥ 黄志明（1939—2004），时为广州青年粤剧团演员。

⑦ 指原广州军区战士歌舞团。

⑧ 傅冰，时任广州军区战士歌舞团导演。

在大家工作最开心的时候，文化局派工作组下来要求我们组织“四清”运动[①]。

崔振强：就把你们当做试点。

尤娟儿：粤剧团总团包括多个大型剧团，如东风、春风都不做试点，偏要找青年剧团做试点，我想我们青年剧团为什么要承担这么多事情。工作组包括黄力，还有从新华书店调到文化局的吴东园[②]，他们下来后要“夺印”。当时我负责管团印，他们说：“尤娟儿，把团印交出来。”我想也不是什么东西，只是一枚木章，要就拿去吧。之后发动群众写大字报，到处张贴，持续了几个月。不知道什么原因，我很幸运，很多次运动我都是最快“上水”[③]的，第二个“上水”的就是李锐明。吴志明的时间就相对长点。

崔振强：上次访问时，明姨也提到自己的“神主牌唔正”[④]，哈哈。

尤娟儿：她的大字报多些。我们刚刚搞完“四清”，便在农村开始“四清”运动，派我们到增城，担任工作队，之后演出便停下来了。

崔振强：是派潭那边吗？

尤娟儿：分成两队，一队在良田，我与黄志明那一队在寮采。李锐明我记得被分在良田，吴志明我就记不起了，我们有时候开会也会碰面。那时候在农村，我觉得我们的演员很厉害，口才好，把农民都哄得十分开心，所以农民都十分喜欢他们。原本黄志明在团中一向是最调皮，最难搞，谁知搞“四清”工作队

---

① 发生在1963年至1966年，是中共中央在全国城乡开展的社会主义教育运动。运动的内容，一开始表现为在农村“清工分、清账目、清仓库和清财物”，后期表现为在城乡“清思想、清政治、清组织和清经济”。

② 吴东园，原新华书店政工干部，后到广州青年粤剧团参加“四清”工作队。

③ 这里指完成任务，脱离困境的意思，也指恢复正常工作。

④ 广州俗语，指某人的家庭背景和出身不好。

时，他好像一下子转性了，并没有犯什么错误。他主动找我谈话，说："老尤，我想你培养我入党。"我就问："你是否真心？"我觉得他在开玩笑。

工作队持续了大半年，当时工作队有"军宣"[①]，时世宝是正指导员，而我是副指导员，经常要集中开会。记得一个通知下来，让我们全部"执包袱"，马上返广州，参加"文化大革命"，"文革"第一张大字报出来了。

崔振强：应该是1966年。

尤娟儿：对的。一部大卡车就把我们和行李都载回来，十分拥挤。车到平安戏院门口，所有人不准拿行李，全部进戏院开会。进去一看，会场贴满了大字报，已经在批斗华嘉了。我们仍然住在太平南，从此就进入到"文化大革命"时期。

崔振强：持续到20世纪70年代？

尤娟儿：没有，到1969年。1969年开始就到干校[②]，当时要徒步走去军训。

崔振强：当时叫"拉练"。

尤娟儿：是啊，从广州到九佛农场拉练。梁瑞冰很聪明，预先做好准备，把鞋子刻意垫高，走起路来便舒服一些，结果她顺利走到目的地。当时我都走不到目的地，到九佛要找车接我进去。大家一直走到农场，都算很厉害了，能够支持下来。话说我也是比较幸运的，到农场后竟然不需要劳动，进入了专案组，我不知道什么缘故，但是感觉组织是一直信任我培养我。在专案组我与林汉英经常要出差外调，外调就最高兴了，可以出去食东西。

崔振强：可以改善伙食。

尤娟儿：是啊。之后一直在专案组工作，到1971年底，组织

① "文革"时期特有的名词，即人民解放军宣传队，作用就是到工厂、农村或某单位进行革命宣传，帮助他们进行文化革命的工作。

② 这里尤娟儿记忆有误，应该是1968年进干校，"干校"指"五七"干校。

一组[1]回来，1972年就组织二组[2]回来，把我从专案组抽调回来招生，当时我在大操场学踩单车，仅仅两个中午的时间就学会了。

崔振强：我都是在大操场学会的，那时是个篮球场，宿舍楼还未建成。

尤娟儿：我竟然没有受伤。我与人保科谢森[3]等人踩车上马路，他们是我的保镖，电视塔前的一段路是斜坡，我还未学会刹车，就撞到一台三轮车上了，受了伤。自此之后，我踩车就熟练了很多，经常踩着单车到全市各个中学招生，广州市的中学，我几乎都去遍了。

崔振强：当时是两个演出组分别招生，对吧？是广州市文化局七个单位一起招的，我也是那个时候进入剧团的，当时进入了第一演出组，是罗永强和何绍忠[4]招我的。我记得第二演出组就有周国英、谢翠云[5]。

尤娟儿：还有吴绮梅、古丽光、倪惠英、陈永红、黎翠娟、余志成、陈森毓[6]，还有黑蛋[7]，名字我一时间忘记了。去年才在加拿大聚会，她现在在加拿大。

把他们招进来就去集训，当时一组跟二组是互相抢人的。

崔振强：当时确实存在这种情况，被招的学员要过来桂花岗考试。那时招生老师跟我们说："你们记得等通知啊，如果另外有人找你，你不要再考了。"

尤娟儿：对啊，那时就是这样抢人的。我记得我到上九路的三十五中招倪惠英，她当时参加宣传队，在《白毛女》节目中担

---

① 这里指当时的演出一组。

② 这里指当时的演出二组。

③ 谢森，时任广州粤剧团总团人保科科长。

④ 罗永强、何绍忠，首届广州青年粤剧团演员。

⑤ 周国英、谢翠云，演员学员。

⑥ 吴绮梅、古丽光、倪惠英、陈永红、黎翠娟、余志成、陈森毓，第二届广州青年粤剧团学员。

⑦ 第二届广州青年粤剧团学员高玉琼的绰号。

任配唱。我一听，觉得她声音很好，马上就找到她学校的教导主任，表明我想招她。大家谈了一会儿，他同意了，然后我直接找倪惠英谈，她却不愿意，说不喜欢粤剧。接着谈了很多次，请她来考试也不愿意来。后来我找教导主任做她的思想工作，她才愿意来，她说："我尝试一下吧。"考试完了后，每个人都觉得她声音十分好，是可造之才，干脆让她不用参加复考。

崔振强：马上填表入学？

尤娟儿：不是啊，还要给她做思想工作。经过很长时间的思想工作她才来报到。我们仅在排练场听她唱了一遍，因为害怕一组抢人，所以立即录取，最快就是她了。人数招够了我们就开始排戏了，第一部戏是《龙江颂》，当时还有"军宣"跟我们一起工作，名字叫刘远帆，他可能是从农村出来的兵……

崔振强：没有什么艺术细胞？

尤娟儿：不是没有艺术细胞，主要是他的部队作风不太适合文艺团体。想起在干校集训，部队派一名连长来当"军宣"，全部人都被训话，说什么"享受资产阶级生活，坐沙发……"大家都觉得好笑，但是又不敢笑，觉得他不懂事。除了排《龙江颂》，我们还到各个地方看样板戏，北京、上海、湖南都去过，童兰轩[①]就是那时从云南调来的。我们与她还有市话剧团的马雨秋[②]去上海看样板戏。马雨秋还是培训队的教师。

崔振强：是啊，我们在一团的时候就是马珊[③]做指导老师。

尤娟儿：他们都是那批一起来的。郭慧就比较早调过来，她1956年从话剧团调来当文化教师。后来二组又合并到总团，再分到各个团中。分了后我就一直在一团，直到红线女进入我们团，那时"文革"都结束了。她也很凄惨，被"四人帮"江青请上北京，因为这事，她被二次批斗，《南方日报》都刊登出来了，看

① 童兰轩，后任第二届广州青年粤剧团副团长。

② 马雨秋，原广州市话剧团导演。

③ 马珊，原广州市话剧团导演。

了心里也不舒服。

崔振强：我记得那一次专门在红旗剧场开会。

尤娟儿：对啊，就是第二次批斗她，我们都不舒服。当时红线女很红，也是唯一被承认的粤剧代表，中央首长点名要她上北京，任谁都不能拒绝，所以说她与江青有什么关系是没有根据的。我们替女姐不值，但是省委坚决要办，也是没有办法。之后红线女要求到市团，她先了解情况，看看到哪个团较好。黄志明很早的时候曾在省团待过，很多时候都跟女姐有接触，故女姐就问他："黄匪[①]，我过来市团，哪一个团较好？"黄志明就说："去尤娟儿那个团，她抓得比较好。"大合并之前，其实我已经接触女姐，经常到她家里开会，就是梅花村那个地方，自此我自己就会去她家了。开会一般在二楼，她与我先生钟少辉十分熟，因大家在省团共事。最后女姐决定来一团，她来后与我十分合拍。很多人奇怪，为什么老尤不害怕女姐？每个人对红线女都敬而远之，她说一就没有人敢反对说二。我觉得女姐也不算难相处，因为她很多事情都与我有商有量，她并不是不听取意见，但是你必须说服她。我们合作一直都很顺利，她也很信任我，很多事情都主动和我沟通。她要排《昭君公主》，上京找李紫贵[②]，派角等问题都会征求意见。在这部戏中，陈笑风要挂须，他一向演小生靓仔，当然不习惯了，因此也不太愿意。我与大哥[③]都几好倾，之前在省剧院时已经认识他，在春风剧团时就与他接触得比较多，大哥比较容易商量，虽然心里不太愿意，但是他也接受。不过接受归接受，之前大家还是需要沟通的，所以合作也愉快。

女姐的要求很严格，同班演员既敬也怕，有时候心中不服，背后有意见。所以我既要与女姐沟通，又要与下面的演员讲道理。

---

① 黄匪，即黄志明，因他年轻时专门演匪类而得名。

② 李紫贵（1915—1999），京剧老生、导演，时任中国戏曲学院副院长。

③ 陈笑风家中排名老大，故称"大哥"。

崔振强：干部如何和艺人接触，如何协调工作是很讲究技巧的。

《昭君公主》主要演员和领导合影，前排左起梁金城、红线女、陈笑风，后排左起卢伟、陈东、华嘉、李紫贵、杨奎章

尤娟儿：算是另一门艺术吧。在剧团工作的干部，我的体会是一定要熟悉业务，不熟悉业务就很难全面掌握情况。怎样才算是熟悉业务？在剧团工作要抓好业务一环，第一是选剧本，这个是关键；第二是派角，这最容易出现矛盾，有时候矛盾会很大，很多思想问题都源于此。派角分主要派角与一般派角，除此之外还包括梅香、手下①的安排，这些问题都很重要，如果事前不做好工作，后面就难做了。会议上是不能解决的，需要做好个别工作再开会宣布。

① 粤剧舞台演出中担任兵丁、衙差、家人等群角演员。

红线女于北京怀仁堂演《昭君出塞》后，众演员与中央领导合照

崔振强：在整个演出生产过程中，所有人员安排必须自己心中有数。先与各方面人员都沟通协调好，基本调子定好了会议才能提出来。

尤娟儿：没错，否则会议上是解决不了的。第三是全面了解乐队与舞台队的情况。只抓住演员是不行的，乐队有乐队的看法，舞台队也有他们的看法。我自己的经验教训是曾经侧重了演员队，对音乐和舞台有所忽视，对他们关心不够。所以在整个业务过程中，从选定剧目、派角，全过程都需要跟进，排练要看，因为要安排日程。包括排练进度，哪一场应该多排，哪一场问题不大，可以少排，都要根据实际情况安排，如果我不在，就不能掌握情况，无法编排日程。乐队排练我一样要在场，演员走完位后要专门排音乐。所以懂业务，经过看和听之后可以提出自己的意见，谁都骗不了我。有时候演员问我他们唱得如何，我总能说说我的看法。对于舞台，从设计开始就要参与，研究设计方案，还有服装设计，如果需用一些旧服装也要考虑合不合身的问题。从演员排练、乐队排练、舞台设计到最后装台、彩排，我都在场。凡是新戏装台，我都与舞台队一起工作，哪怕是通宵，需要一场一场对景、定位、对光。如果你不跟踪情况，到正式演出时就会出现很多问题，这时候就迟了，再改动大家都会有意见。我现场陪他们搞好了，有什么问题可以马上沟通，每次就算不通宵都到大半夜了。

崔振强：对啊，对光是一件很吃力的事情。

尤娟儿：我没有一次是缺席的，平时舞台队装台换台，我能抽出时间都会去看看他们工作情况，横条歪了、“鸡翼”①位置不对，我都会指正。既然能够陪他们一起工作，他们自然是服你的，大家都很配合。之前的就是江林②，后来就是潘锦垣③，他们偶尔也说：“这里做得不够好，老尤不通过的。”所以熟悉业务就是要全面掌握，这样做工作才有发言权。

崔振强：我觉得最难协调的是演员，在我印象中，1977至1978年间排《粤海忠魂》，当时属于献礼式的戏，政治色彩很重的大制作，每个演员都有一定分量，这样演员之间的协调就很难了。

尤娟儿：你不提起我都忘记这一段，我经历过这件事。

崔振强：还有《万水千山》，有陈笑风、黄志明、马丽明、陈绮绮，分配不好就会有人不满意。

尤娟儿：《万水千山》中陈绮绮的角色不是很抢眼，但是我觉得他们挺配合的。

崔振强：剧本出来的时候，根据演员的特点，适合哪一个角色，你已经有一个大概的想法？

尤娟儿：我是心中有底，然后再与他们沟通的。陈笑风就十分配合我的工作。所以我说事前工作做得充分是很有必要的。不论《万水千山》还是《粤海忠魂》都是这样做，《粤海忠魂》当

---

① 粤剧舞台术语，指舞台两侧的布幕。

② 江林，广州粤剧团一团舞台队队长。

③ 潘锦垣，广州粤剧团舞台队装置。

时的影响很好，演员有陈锦心、丁柳英[①]，丁柳英饰演盲妹。说到这里，我觉得需要感谢陈自强，我经常找他为我们剧团搞剧本。他真是一个鬼才，脑袋很灵，《女儿香》这部戏我就不停找他修改，这是个值得保留的剧目。

崔振强：属于一团的代表剧目，倪惠英很少参加演出后，最近有一名年轻演员吴非凡[②]接这个戏排演。当然也对原剧本做了一些改动。

尤娟儿：梅暗香这个角色各地观众都很喜欢，历演不衰。

崔振强：而且这部戏有个特点，角色安排比较平均。

尤娟儿：这部戏很有看头，一场接一场，相当紧凑，有矛盾、有冲突、有高潮，我们团都换了几次角色。

崔振强：最初是罗伟华[③]演。

尤娟儿：罗伟华倒没有换。

崔振强：刚开始是杨春青[④]。

尤娟儿：最后就是梁耀安[⑤]。梁耀安之前应该是“大虾”，我忘记他的名字了。

崔振强：李自强。

尤娟儿：好几个角色都换过，梅暗香母亲这个角色叶碧云[⑥]演过，国英[⑦]也演过。后来谁演罗伟华的角色？

崔振强：现在最新版是黎骏声[⑧]演。我在《杜鹃山》的时候进剧组，这部戏当时在友谊剧场演出，具体是哪一年我忘记了。演两晚停一晚，连续演了三年多。《万水千山》《粤海忠魂》排

---

① 丁柳英，原广州粤剧团一团演员，现定居美国。

② 吴非凡，广州粤剧院演员。

③ 罗伟华，原广州粤剧团一团演员，现定居美国。

④ 杨春青，广州粤剧团一团演员。

⑤ 梁耀安，著名粤剧演员，曾为广州粤剧团一团、广州粤剧团实验团文武生。

⑥ 叶碧云，原广州粤剧团一团、广州粤剧团实验团主要演员。

⑦ 国英，指周国英。

⑧ 黎骏声，广州粤剧院属下广州粤剧团当家文武生。

演的时候，我都在剧团参加工作。所以现在回想起来，当时这么多有分量的演员，老尤你能够协调他们，整团的气氛在演出全过程都比较和谐，这需要很大魄力才能做到。

尤娟儿：对待工作我都是埋头苦干，尤其愿意做好事前工作，这一点是我一直都坚持的，直至退休。

崔振强：这真是一个很好的经验，对比现在剧团一些演出生产过程，以前一些好的方式值得借鉴。

尤娟儿：要互相沟通，相互体谅、关心，将心比心，能够以身作则去工作，别人就愿意听你的。做事的过程要合情合理，既要掌握原则，又不能僵硬、死板、一成不变。他们为我起了一个花名——“铁手腕”，有时候我严肃批评人时是不讲情面的，如果一味迁就做好人那也是不行的。

崔振强：管理是需要这样的。

尤娟儿：但是掌握原则的基础上你又需要听取他们的意见，意见正确你要同意，改变自己的看法，他们自然服你。做人的工作就是要抓住这点。所以派角从主角到一般角色到手下都非常配合我，这就是我体会最深的一点。

我佩服几位戏烎[①]对我的帮助和配合，尤其是梁金城、吕雁声[②]，他们都是主要演员，但并不是每部戏都是主角。有时候他们不想演就对我说：“老尤，让我休息一下吧！”我就跟他们说：“我知道你们都很辛苦。”然后就耐心沟通，做工作。最后他们说：“好吧，老尤，看你这么关心我们。”这就是答应了。我说：“你们都懂得顾全大局。”排了这么多部戏，他们两人一直都支持我，即便主要演员不上，他们也会配合中下层演员演出，这是十分难得的。所以我很感激他们。

① 指一些演出经验丰富，能够驾驭不同类型角色的资深演员。

② 梁金城（1920—1997）、吕雁声（1925—1990），时为广州粤剧团一团主要演员。

尤娟儿（左一）与阮焕（左二）、倪惠英（中）、吴颂强（右二）、吴庆泉（右一）于雍和门前合影

一般演员在派角的时候都希望能够获得一个比较起眼的角色，但有时必须从全面出发，为了戏能演得更好，要把角色给演得更出色的演员。有时要取得别人的体谅和同情，他们的心里就会舒服一点，就算演不愿演的角色都能够接受。那班“大师兄”，如陆少添、罗永强、刘广达、任福兴、邓继华还要出来当手下，整场站在两边，你知道那些戏都很长时间的，他们就跟我说：“老尤你经常叫我们站这么久，以后老婆都娶不到了。”哈哈，我说：“我也不想的，所以现在已经积极招新兵，你们再帮帮我。”他们也很配合：“好啦，我们又支持你啦。”可见排演一个新戏，我是很吃力的，但每次都能很顺利地演出。我退休后多次回来找这班“青年”，叫梁建乐[①]聚集大家，在东江大厅十多人一起聚会，几乎饮醉。本来任福兴已经在花都做了科长，

① 梁建乐，第二届广州青年粤剧团学员。

我问罗斯盛："为什么不见任福兴？"他说："唔知道他能否出来。"后来马上打电话告诉他我回来了，任福兴真赶过来，他说："老尤回来了，我一定要过来。"大家的感情一直都保持得很好，现在见面大家都很热情。

我与中层演员之间更是如此。包括罗敏玲、小少佳[①]，小少佳都做过大拉扯，在《五女拜寿》中饰演第四子。说到《五女拜寿》就要说我们需要知道演员的情况，在上海演出时，红虹[②]曾跟我说："回去后就暂时不参加演出了。"我听了她这样说，心里已经打定输数，故此在上海就不停物色剧本，到处看戏。我看到上海一个剧团演《五女拜寿》，觉得《五女拜寿》适合我们剧团的演员演，剧情好、群角多。于是我马上找他们团的编剧拿剧本。一开始他们不愿给我，后来我几次拜访，最后他们终于把剧本给我。回来就马上把剧本交给陈自强，说："架头[③]，快点帮忙改了这个剧本。"不出所料红虹真不演出，黄志明说："红虹唔演，我都唔演了，唔参加呢部戏。"后来我与他谈了几次，他就是不愿意演。我就对他说："你真的不演？不要后悔啊！"他坚决不演。其他人都说只有老尤敢这样对黄志明，一般人都给他责骂过。我当即在大会上批评他，说："不是你不愿意演，是我不让你演。"派角相当顺利，也非常合适，而小少佳就是大配角了，由于戏份均匀，这个戏效果比较好。这件事幸好我料到可能会出现的情况，早做准备，名演员不演就靠剧本担戏。一个演员若能担戏，则他就能救一个团；若剧本能够担得起，就算剧团水平不高，也能够提起这个团。因此这个剧目很适合，就算红虹不演出，其他演员也可以演得好。《五女拜寿》反响很好，其他团都来观看。演员有戏演，才能够去想怎样发挥角色的特点。

---

① 小少佳，粤剧小武演员。

② 红虹，粤剧花旦。

③ 广府俗语，原指日本仔，这里是因陈自强样貌似日本人，故行内对陈自强有此戏称。

崔振强：目前这部戏也是保留剧目，最近还有演出呢。

尤娟儿：梁金城配林丽蓉，梁景初配邓梅开，两对老人家角色就演得十分出彩。林家碧和吕雁声演得诙谐有趣，原来林家碧不愿演这个角色，我就逼她演，跟她说："你要学会演多种角色。"她也接受意见，所以沟通时技巧要有软有硬，不熟悉业务就无法说服她了。落团干部首先要热爱这份工作，对它有一份感情，不要甘做门外汉，如果你只是抱着管人的心态是不行的，别人也不服你。不懂业务就要肯看肯学，要投入，不怕吃亏，吃苦在前。我在剧团从来是先到后走，大家还未到，你先到就可以早些看看情况，检查后台。即便在桂花岗排戏，我回来的时候还没有人，在宿舍住的一般比较晚才下来，准备排练时，要大声喊才下来。开场才到、散场马上跟大家一起走都是不行的。演员全部离开了，最后走的肯定是化妆和服装人员，等他们做好了再与他们一起走，尾场较多戏服要整理，你还要帮帮他们。我真能够做到这样。

崔振强：所以大家都服你。

尤娟儿：先到后走、能吃苦两条不容易做到，我坚持做，任谁都不能不服。演出时，我就站在"虎度门"[1]，你知道某场戏时间长了，那些站着的青年演员就会走样，完场后我就跟他们说："前面主要演员在认真演戏，你们作为配合，站成这样，很不严肃。"提醒一个人，他们自己就会相互提醒。所以我在现场看戏，有任何问题就能够马上掌握情况，需要全身心投入。出国演出特别严谨，我当舞台监督，上台前彩排女姐也要受我监督，因为演出时我最大，哈哈。不懂业务就无法指导别人了。包括熟悉整个戏，灯光布景变换等都得安排妥当。实验团第二次出国，是女姐带队过去，但她没有参加演出，因为外面订戏要求女姐去，所以女姐答应过去，但是就由实验团演出。

女姐首先表示："我要在一团抽调尤娟儿过来帮我，否则我

---

① 舞台术语，指戏台两侧的出入口。

不去。”黄志明就对女姐说：“一团我一个人处理不了这么多事情，你不能把我团的‘灵魂’抽走啊！”后来大家协商，女姐说：“好吧，就当我向你借人，回来就还你。”哈哈！那时我也听了很多流言蜚语，有些人说：“演员就可以借，出国干部都可以借调吗？有这么厉害吗？”女姐把我借过去就是抓好业务和演出。

崔振强：有懂业务的领导在，她就放心多了。

尤娟儿：最终还是借调过去了。小倪（倪惠英）当时已经很红了，忘记了下场还有演出，把戏服全换下来，结果失场。我因此批评了她。那时她还未担任团长，后来她做了一团团长。开会时，她对我的面容不太好，还说：“看看她做得怎样。”我没多想，结果演出回来后红线女要留我，不让我走，结果我就留在实验剧团了。

有次女姐因华山[①]要在省人民医院留医，所以不能出国。医生认为他的情况已经比较严重，女姐问医生：“我能否离开一段时间？”医生说：“我不同意，你不能离开。”结果女姐最终还是没有出国，由阮焕[②]带队到加拿大演出。多伦多市长还跟他开玩笑说：“你第一次来的时候是副团长，第二次来就是正团长了，而我还是市长。”这次出国的三名花旦都很难协调，卢秋萍、倪惠英、郭凤女[③]她们一人一个戏，所以我要安排谁先谁后，因为当地华侨对不同花旦的反映都不同，接见要求又不同，所以很麻烦。当时郭凤女很受欢迎，因为在拜访一些当地小剧团时，很多人都会点郭凤女唱女姐的作品，如《荔枝颂》等，她唱得很好，有时还是清唱，所以华侨都喜欢她。卢秋萍与倪惠英就不相上下。所以除了业务我还要做平衡工作。

崔振强：既要管思想也要管业务。

---

① 华山（1920—1985），著名记者，红线女第二任丈夫。

② 阮焕（1930—2015），时任广州市文化局副局长。

③ 卢秋萍、倪惠英、郭凤女，均为广州粤剧团演员，著名花旦。

尤娟儿与共事的演员和演奏员合影，后排左起梁金城、黄志明、谢君汉、钟丽蓉、红线女、吕雁声、陈昌、罗敏宁，前排左起彭景辉、红虹、丁柳英、谭志基、赵仕强、尤娟儿

尤娟儿：当时李锐明与吴志明都一起出去，吴志明主管行政工作，李锐明则负责内部管理。还记得第一次到温哥华演出，其中一个折子戏要上演喷火，红虹主演，但剧场却禁止喷火，冇办法只能改节目，但是红虹有意见。我们改演《苦凤莺怜》“庙遇”一折。她不同意，我说：“冇得商量，不能有意见。”于是她对我有意见就跟她母亲说了。女姐认为红虹不对，第二天我跟女姐说：“你让我担任舞台监督，我必须服从当地规定，有权更改节目，所以我批评她。”女姐对我说：“我昨天晚上很严厉地批评她了。”小倪虽然与我有些摩擦，但是我留下来后与她合作得很好，大家感情很深。今年回来我想给个电话她，可惜时间太赶，没法安排，只要大家相约肯定出去见面。往年我回来，她若放假肯定拉我一起去玩，聚会都好几次了。所以工作中积累的感情很难得，她以前说：“做过才知道！”现在她终于知道啦，哈哈！

另外，我认为剧团的工作必须有制度，管理是最重要的。剧团中有团委会和艺委会，定期召开一些会议，我就要求订立一些制度，如演出七点半开始，我规定舞台人员和演员提早一个小时到齐，乐队提早半个小时。除此之外，因全年有长期计划，也有短时期的安排，所以我规定不管有无演出，周一都召开全体大会，主要总结上周的工作情况，对于表现好的给予表扬，不足的地方给予指正、提醒，并宣布今周的工作安排，这样大家都心中有数。我能够做到的就是公布一周工作安排，如工作比较紧张，最少会出好后两天的安排。如果周一不做好安排，工作没有日程，大家工作就会散乱。全体大会就算不需要排戏的人员都必须回来，有些人不用排戏就不打算回来。

崔振强：现在都是这样。

尤娟儿：开会大家参与，大家都知道情况。同时各队自己管理。有制度规定，由队长负责点名。

崔振强：包括考勤和自己部门的一些工作安排。

尤娟儿：对啊，还要了解自己队员的情况。我对他们说："这些要做好记录，作为月中评奖金的依据。"每个月都需要评奖金，奖金有高有低，肯定有人有意见，有记录就有依据，譬如某某迟到几次、工作表现好与不好。有依据就好办了，所以制度必须有。

崔振强：所有规章制度要清晰。

尤娟儿：女姐与我合作得比较好，艺术上基本由她全面掌管，她知道我能够配合她搞好行政管理，是她的得力助手，所以她认可我。我退休两年后回来探望她，她每次都会出后台，因为她很关心"九大件"[①]。我在后台看见她，女姐说："尤娟，你返来再帮我两三年啦。不知为何，咁多干部中我同你是最合拍的。"

崔振强：事实上她与你合作时间最长。

① 红线女从广州市艺术学校招收的第一批演员学员，共九位。

尤娟儿： 自她调来市团后，一直都与我合作。她要求我回来，我说："不行啊，女姐，阿琴（尤娟儿女儿）叫我出去帮她，现在我确实回不来了。"女姐说："唔怕啦，我跟阿琴讲。"最后我还是婉拒她。后来每次回来我都会探望她，我开玩笑说："女姐你有无时间，我给你半个小时。"谁知我俩一谈就不止半个小时了。她还打电话让郭凤女过来，说："凤女，你快点过来，尤娟回来了。"凤女一听就马上开车过来。三个人倾着倾着就一个上午了，到食饭时间，女姐又说："不要走啦，一起去食饭。"饭后凤女就把我们送回家。大家感情很好。

为什么会这样呢？我的确很关心女姐的，也注意到她的性格。她病的时候我陪她去看医生、拿药、送她回家。在她家，四姐（红线女母亲）对我说："辛苦你啊，尤大姐。"女姐就会叫保姆煮面给我食，大家之间没有什么芥蒂。

崔振强： 大家心灵相交，很多事情也好沟通。

尤娟儿： 女姐喜欢提意见，周一全体大会她都会参加听情况，她就建议大会点名后全体要唱国歌。我就跟她说："女姐，这样不行的，一是这种场面不适合唱国歌；二是群众会有抵触的，不会接受的，我都不会接受这个建议。"她听完就说："咁啊，唔唱就唔唱咯。"她的表现经常像个小朋友，所以你与她商量她就容易接受。有一次准备到北京演出，需要研究舞台布景，一半是短剧，另一半则是她的演唱会，关振东[①]负责设计布景，改了好几遍后女姐还有意见，最后未拍板女姐就走了出来，我紧跟着她问："女姐为什么走啊？你要决定拍板，由你开的头，就要你自己结尾。你不能走。"我硬是把她拖回去，后来还是把事情谈妥了。如果每件事都随她的意思，那是不行的。我们合作时，我好多次都与她有不同意见。那次排短剧《刘胡兰》，黄志明、红虹都有参演。女姐对派角有自己的意见，我觉得不妥就跟她沟通，让红虹演一个刁蛮女角色，我觉得是挺合适的。最终女

---

① 关振东，广州粤剧团舞美设计。

姐还是接受意见，所以要多与她商量。

我本人是比较佩服女姐的，她与我一样，也是很早到演出现场的，在排演短剧《昭君出塞》时，她很紧张几个女孩子，如陈敏红等。女姐当时已经站在“虎度门”等候，陈敏红还在后台穿服装，我当着女姐面批评她，女姐也不说什么。所以女姐尽管平时很爱护她们，但有不对的时候，还是要批评。回想起来，我们两个合作既有沟通也有争论，她一定要拉着我，我也没有办法，哈哈！

到上海演出时就惨了，她病了，我和李自强帮她找医院、请医生。但是每天都有很多记者要来采访她，她始终都不肯接受。我做了“挡箭牌”，记者又不可以得罪，处理不好会影响她的声誉，如果产生非议就不好了。当时我与记者讲了很多好话，女姐都知道的。出国演出居然带上瓦煲、中药，我跟她分配工作，指定潘瑞华、林家碧专门照顾女姐，其他工作都不用管。演出《佳偶兵戎》时，就安排她们两人帮助红虹抢妆。红虹还发脾气，我说：“你这样我就不安排人手帮你了，你一定失场。”她也不敢多说了。你不讲原则就麻烦了。

崔振强：在理时就必须听你的。

尤娟儿：所以我说要合情合理。平时一定要多关心那些底层的梅香、手下，除了艺术演出方面，生活上也需要关心他们。我记得演出《龙江颂》时，孙小强[①]的高枱弹板要比朱仔[②]出色，他在最高层，其他几个人在中间，谁料中间一层的枱脚歪了，孙小强跳下来时为了迁就位置颈部受伤动不了。朱仔醒目，他叫大家都不要动，然后在孙小强脚部捏了一下，发现有反应就跟大家说不用担心，中枢神经没有断，马上送他到附近的工人医院做固定治疗，留医一星期后就转到正骨医院。他治疗期间，我每天都到医院探望他并买好饭菜，因为他不能动要喂食，所以我帮了他一段时间。孙小强是从杂技团调来的，他为人心高气傲，我

① 孙小强，广州杂技团演员，后到广州粤剧团负责翻跟斗。

② 朱仔，朱福生，广州杂技团演员，后到广州粤剧团负责翻跟斗。

用行动感动了他，他十分感激我。我做这些是无私的。又如陈锦心，我们排《昭君公主》时，丁柳英与陈锦心做宫女与女姐头场演出，谁料陈锦心从四楼跳下来，脚筋断了，在市一医院住了好几个月。每天不管是否有演出，我都坚持去看看她，她说：“老尤，市一医院都留下了你一地脚毛。”虽然她因与黄志明的家庭问题，情绪不稳定，她也承认是她的错，影响了演出工作。但我认为不能因为她有错就不管她了，宁可指出她的错误。她从市一医院转到中山医，我一直照顾着。后来她的脚上了螺钉，能够走路了，她很感动，与黄志明一起上门感谢我。这就是将心比心。又如梁建乐准备移民到澳大利亚时，太平洋影音公司要和我们录像，最后录到《白蛇传》，他胃病发作，十分疼。本来他的病是需要动手术的，但当时只打了止疼针。他在《白蛇传》中演哪吒，我跟他说：“梁建乐，你这样下去真的不行，因为要开打，你千万不要死撑着。”他却对我说：“唔怕，我还是坚持到最后吧，演到一半换人都来不及了。”第二天，我马上和他去医院做手术。他家在佛山，平时就住在剧团宿舍，没有家人照顾，每天我都煮粥带给他食，坚持到他病愈，后来他移民到了澳大利亚，写了一封几页纸的长信给我，我看完觉得感动。

崔振强：这件事他有跟我们提起，他也是很感谢你的。

尤娟儿：不管对谁，都一视同仁，将心比心、互相体谅，这样大家都会支持我。陈焯荣就很支持我的工作，后来我知道他评不上一级，我都替他感到不值。他应该可以评上一级，我不知道个中原因。当时掌板水平除了陈昌就到他了，虽然他还是个新手。他资格不老，但技艺出色，不管传统的还是新创作的他都能够胜任。当然他父亲[1]也会指点他，他记性又特别好。我之前跟他说：“你离开一团后十年都干得不错。”他就说：“对啊，如果我没有离开了一团，就不会有这段经历了。”我还跟他说：“我们合作期间你大力支持我，感谢你。”事实上，好几个团

---

① 指著名击乐师傅陈燊。

不管音乐、舞台、演员都比较支持我工作，所以我的工作经历总的来说比较顺利。

崔振强：其实在剧团工作的几十年间，真是有很多事情值得回味。

尤娟儿：所以我出国后，经常发梦都是剧团中的事情，如下乡时如何派位、睡禾秆等一些艰苦的时光。那时每个团都有团长和书记，唯独一团就要我兼任书记和团长，我多次反映要派一个书记或团长下来。上级总说找不到人，要我自己在团中挑选合适的人当。最后选了郭英伟[①]，后来郭英伟也调到其他团，就选了张力田[②]帮忙。谁料他又被调走，到我退休的时候就由周国英担任。结果我留多两年，等周国英熟手后再离开。

我最欣赏周国英，她在剧团的时间比较长，我的工作方法、经验教训她都有所见闻，她也机灵，懂得吸收积累。

崔振强：剧团有个好传统，女干部工作能力特别强。

尤娟儿：她很能吃苦，派角时能够上门做好思想工作。她上门做阿安[③]的思想工作就特别辛苦。国英为人不怕吃亏，什么工作都亲力亲为，能吃苦，她是适合在剧团工作的。她愿意做，也能够把工作做好，所以青年干部中我比较欣赏她。郭英伟工作能力也强，但是他较主观，所以偶尔跟群众的关系不够融洽。

崔振强：因为每个人工作的沟通方式都有所不同。

尤娟儿：所以我都有经验教训，前期工作不够体谅别人，开始时群众都对我很大意见。当然大问题没有，但我觉得作为领导干部还是要做得好些。

崔振强：但当干部需要管理时也是没有办法。

尤娟儿：有时批评别人有些不当，别人不服就会对你有意见；有时讲话太长，内容守旧，别人也会对你有意见。总体上还

① 郭英伟，剧团行政干部，现任广东八和会馆主席。

② 张力田，剧团行政干部，曾任广州粤艺发展中心主任。

③ 指粤剧演员梁耀安。

是较好的。

崔振强：大家的同事关系一向都不错。

尤娟儿：所以离开这么久，不管音乐、舞台、演员，年轻的还是老一辈的都记得我。出国后的聚会还真不少，黄河千在旧金山过来找我做联络人，负责通知其他人。纽约有邓浩雄、谢子扬、李华勇、丁柳英、罗伟华，还有何家耀老婆叶沛琳。我们就在唐人街一些酒家聚会，十几人在一起，很热闹。去年黄文辉过去探望儿子顺道旅游，他留了三个月，分别到美国东西岸游玩，他就打电话给我相约小聚。红虹已经从台湾到温哥华定居，有次她到纽约演出，让我务必要去看看她，大家见见面。她还把合影寄给我，有很多相片背面都写了字（时间地点等注释）。后来她信教了，每逢圣诞就寄贺卡给我，还写了一封很长的信，告诉我她现在到处传教，还编写了关于传教的粤曲，自己主唱。

崔振强：就是把她生活的情况都向你交代，哈哈。

尤娟儿：黄志明刚到旧金山的时候也打电话向我诉苦，说他在士多店中工作如何艰苦。后来他认识了当地一位粤剧发烧友，开始传授粤剧粤曲艺术，生活就过得好点了。他在电话中从头到尾和我分享在香港的经历。他和夏雨[①]是中学同学，所以夏雨就介绍他到电视台拍电视剧，当时工作如何艰辛他都一一告诉我，非常愿意和我分享他的心事。不管大家在哪里，都一直保持电话联系。

崔振强：今天很感谢老尤和我们分享了这么多往事和经验。

尤娟儿：能够有机会让我回忆一些事情和大家分享，我也觉得很高兴，感谢粤艺发展中心让我有机会与大家谈谈心。

崔振强：往后有机会还要你跟大家分享享受生活的过程，哈哈。

尤娟儿：我好多都忘记了。我的工作经历时间比较长，从1961年到退休，没有离开过粤剧，“一槌锣鼓直落”。

崔振强：再一次多谢你，老尤，有机会我们再谈心。

---

① 夏雨，香港影视演员。

访谈感悟

“老尤你回来啦！”她每一位曾经的工作搭档、朋友的脸上似乎都挂满兴奋和喜悦，只见她像个孩子一样手舞足蹈，与“战友”们逐一握手、拥抱，场面温馨又感人。这是我亲眼所见、印象深刻的一幕。我好奇地向身边的同事打听这位慈祥老人，谁料她竟然是我在工作中经常听见的名字，一位作风干练、能力突出的前辈——尤娟儿。

老尤把她的每一段经历、每一个故事都耐心地向我们娓娓道来，她在工作和生活中待人处事的方式引起我内心的共鸣。从小父母就教育我，做人要踏实肯干、舍得付出、待人以诚，只有这样才能得到别人的信任、理解和支持，做事方能有所成就。作为年轻人，生活阅历尚浅的我难免对此有所怀疑，真诚的付出真的能换取别人真诚的对待吗？老尤的坚持为我印证了这一点。访谈中，“用心”几乎成为老尤的口头禅，我终于明白，那些真诚的拥抱源于她真心的付出。

值得我学习和借鉴的，还有老尤在剧团担任行政管理干部的经验，她业务技巧出众、专业知识积累丰富，同时擅于与剧团各方面人员沟通，协调能力强，作为年轻一辈的艺术工作者，我的确受益匪浅。

访谈后，老尤向我介绍一张张富有历史印记的照片，逐一讲述照片背后的故事，她的记忆并没有随着年龄的增长而消散。我深深感到每一段经历对她而言都是一份甜蜜的回忆。我有幸作为访谈稿的整理人，谢谢老尤！

区子珩

访问日期：2014年5月13日
访问地点：广州粤剧大院
受 访 者：陈路诗
笔录及整理：梁嘉琪

『一路诗歌红与黑』

——陈路诗访谈录

陈路诗，自幼被遗弃，后来被粤剧演员陈飞飞收养，自此跟随养父在戏班生活、学艺。她年仅7岁便登台表演。陈路诗先后担任广东省农村粤剧队正印花旦、高鹤县南国粤剧团正印花旦、肇庆地区粤剧团正印花旦，相继与梁荫棠、马丽明、何丽芳、卢启光等前辈演员合作，积累了丰富的演出经验。她曾被《澳门日报》赞誉为“西江红线女”。20世纪80年代调到广州粤剧团担任主要演员。代表作有《木头夫婿》《红珊瑚》《绣楼夜审》《杨门女将》等。

何　车：诗姐，首先非常欢迎你接受我的采访，希望你讲一下以前的经历。我想知道你入行的经历。你究竟是什么时候开始演戏，是哪个师父教你的？

陈路诗：其实我是含着“牛奶嘴”①在戏班里长大的。

何　车：那干脆说你在母亲肚子里就开始学戏得了。

陈路诗：不是啊！因为我的父母不是亲生的，我养父是演戏的，他在杨达②的爸爸那里把我抱回来收养的，所以我说含着牛奶嘴就在戏班了。那时戏班的生活不是现在这么好哦，抬着个竹织的圆箩，里面有柴米油盐，又有沙煲罂罉，要自己煮饭。以前戏班说吃“箩筐饭”③就是这样来的。

何　车：那算起来，你跟杨达就是亲戚咯？

陈路诗：他叫我阿妹，我叫他七哥，他排行第七。

何　车：哦，你叫他七哥，我现在才知道，以前我老叫他“达哥”，原来是这样，你养父收养了你回去就做戏了？

陈路诗：我的爸爸呢……

何　车：是哪个爸爸呀？

陈路诗：我的养父。他收养我的时候，我才出生二十多天，也不知道谁是我的亲生父母……

何　车：到现在都不知道？

陈路诗：不知道！他们把我放在杨达的爸爸的中医馆门口，杨达的妈妈早上打开门就看到门口有个才二十多天的婴儿，于是就捡了起来。因为她已经收养了好几个了，那时正值抗日时期，很多人是不要女婴的，那时候的台山人特别不喜欢女儿，只要儿

① 指婴儿用的奶嘴，这里意思是从婴儿时期开始就在戏班。

② 杨达，著名粤语相声演员。

③ 戏行行话，以前戏班由班主供应伙食，饭菜是由“箩筐”盛放，故称“箩筐饭”，这里指从小在戏班生活。

子。如果生了个女儿就会放在屎塔，还盖起来。“死女包[①]，不要你就不要你了”（台山话）。

何　车：哦，你是台山的。

陈路诗：我是台山的，就是赤坎[②]。

何　车：哦，赤坎，同达哥那里。

陈路诗：那时杨达的爸爸捡起我没多久，养父陈飞飞就将我接回去了。我养父的年龄可能比鉴叔还要大，鉴叔算是我的亲戚。我养父叫鉴叔的妈妈做契妈，所以我叫鉴叔的妈妈“契姑”。

何　车：哗，那么复杂啊。

陈路诗：新中国成立前，我爸爸在四邑[③]已经小有名气，他演过很多戏的，专工丑生和文武生，因为他去世得早，所以就不太闻名，但在四邑就比较有名。你问我什么时候演戏的，我就是从含着牛奶嘴、吃米糊的时候开始，一直都是在戏班混着，我很小的时候就接触这一行了，所以心里一直很热爱，非常喜欢演戏。

何　车：肯定啦，看着爸爸演戏，耳濡目染，你那时候还不知道他是你的养父，以为是亲生的吧？

陈路诗：我到十岁的时候就知道了。那时在戏班中，戏班佬的嘴巴肯定是有什么就说什么的，有戏班佬说：“阿妹，你不是你爸妈生的。”我妈问我：“阿妹，有人说你不是我生的，你怎么想的？”我自己就会说：“养大我就行了，不管是不是亲生的。”我自小就很懂事的。我爸爸对我非常好，亲生父亲也没有那么好。在艺术方面，我爸爸从小就要我练功了，三天时间就要我开一个“正一字”[④]。

---

① 广府俗语，以往广东四邑一带重男轻女的封建思想严重，故生女儿就称她为“死女包”。

② 指广东开平赤坎镇。

③ 台山、新会、开平、恩平四县的统称。

④ 武打演员基础训练项目。演员坐在地上，双腿紧贴地面向左右两边分开，直至成“一”字形。

何　车：你天生骨骼精奇嘛，很容易的。

陈路诗：怎么精奇都会很疼的，“正一字”啊。

何　车：女的那条韧带比较柔软。

陈路诗：还要用一条盘龙棍[①]绑住两腿。两腿一张开就合不拢。开的时候容易，要合起来就麻烦了。

何　车：我们试过坐在那里吃饭。

陈路诗：那时真是当场就濑尿了。我正式踏台板是六岁。

何　车：你六岁踏台板是演什么戏呢，当“童星”？

陈路诗：算是童星咯，那时还有马丽明、陈少珍[②]。我们的老大姐陈少珍是演《西厢记》的红娘，我就演欢郎，和红娘演对手戏，这是童角。我唱：“我忙忙走，走惶惶。”“明姐”马丽明演《苦凤莺怜》，我就演她的女儿。明姐和珍姐是看着我演童角的。因为我爸爸做班主，那时流行这样一种组织形式，如果你和我都是有名的艺人，就会找多一位，三个人合起来组一班，出来广州订“台柱”，“飞机虾”、陈剑声[③]、马丽明、陈少珍都是那时被订去四邑演出的。

何　车：其实你就是跟爸爸出身，演戏也是跟爸爸学的。

陈路诗：什么都是跟爸爸学的，但是看别人就特别多，有一次让我拍《金莲戏叔》[④]，吴志明对我说：“阿诗，叫你拍《金莲戏叔》啊。”我说：“我没演过。”我真没演过，但看过很多人演，各人演出的特点都不同，你也知道“下四府”[⑤]的演出习惯啦。

何　车：那些“邋遢”[⑥]表演。

---

① 表演道具，用实木制成的长约160厘米的圆棍。

② 马丽明、陈少珍，后来均为广州粤剧团演员。

③ 陈剑声，粤剧演员。

④ 粤剧传统剧目。

⑤ 明清时期广东分为上六府和下四府，下四府为高州府、雷州府、廉州府、琼州府，现多指粤西地区。

⑥ 广府俗语，原意是肮脏，这里指舞台表演形式低俗。

陈路诗在《红珊瑚》中饰演珊妹

陈路诗：一个“掩门”[①]入场，马上就会扔九条裤子出台口，那些“介口”[②]是很不健康的，所以我问老吴，你是按旧的表演还是按新的表演形式，旧的我不演，那么低俗、那么难看。例如在《金莲戏叔》中“搓烧饼”表演，没有芝麻，就挖自己的头坭当芝麻，没有猪油就擤鼻涕当猪油，没有生油，就表演屙尿，弄湿了裙子，拧下去当生油，我就觉得这些低俗表演很不适合我们的社会。

何　车：这些都是过去“下四府”的表演风格。

陈路诗：“下四府”的表演，很看重观众的现场感觉的。

何　车：到20世纪90年代我还看见有这样的表演。演员入了场或者入了大帐，扔几件衣服或裤子出来。

陈路诗：一条裤接着一条裤，扔了九条裤出来，用这样的表演来表示武大郎和潘金莲生活不和谐。

过去在广州很少人认识我，我最“红”是演《红珊瑚》《杨门女将》《白蛇传》的时期，那时到广州演出要由演出公司排期，同时剧团还要分等级安排，县级的剧团就去“三宫六院”[③]演出，我们属于专区级的剧团，如果安排人民戏院给我们演出，就要连着到乐善戏院演出。如果安排乐善戏院就连一个红旗戏院给我们演出，因为这样的安排，考虑到剧团的演出收入，所

① 表演程式，舞台两边演员同时向相反方向往里转一圈。

② 传统戏曲术语，指有关动作、表情、效果等舞台提示。

③ “三宫”指广州市第一工人文化宫、第二工人文化宫、第三工人文化宫；“六院”指文化公园、芳村工人文化宫、铁路工人文化宫、员村工人文化宫、青年文化宫、黄埔区工人文化宫。

以我们比较少到广州演出，但只要一到广州，我们都很注重演出质量。

那个年代很多观众还记得我，因为撰写《高鹤志》，要写粤剧团，就问我要资料，那时，南国剧团即后来的高鹤粤剧团，组织者是河南的“大班蛇”[①]唐牛，那时不用交钱的，只要签名，第一个签名的就是我陈路诗，只要看到陈路诗做正印花旦，文武生又几靓仔，其他演员都会跟着签下去，很容易就组成一班了。所谓“塘中无鱼，虾仔为大”，最叻算是自己了，所以那个时候高鹤等地很多观众都认识我。

何　车：你六岁开始演戏，那什么时候开始做老倌呢？是在哪个班呢？

陈路诗：十五岁时，在广东省农村粤剧队。

何　车：那时候你在四邑，为什么又出去粤剧队呢？

陈路诗：那时将近新中国成立，我爸爸做班主，就组织一班人，去台山水井镇那里演出，原来那里是“匪区”，把共产党称作“八字脚”（意指是八路军），说我爸爸进“匪区”演戏，反对国民党，就追捕我们这班人，我爸爸不跑不行了，就一路跑到广州。我们是新中国成立前那年跑回广州的。那时，开凉茶档、卖武我都做过，为了生活嘛。

何　车：要“揾食”嘛。

陈路诗：那时我爸爸给中国共产党审查了，因为新中国成立前我爸爸参加了艇三军剧队，经常组织一班艺人演军剧，后来我爸爸就变成了团长，因为领军衔才获得两箩红米。他要养很多个学徒，所以需要那些米。到了新中国成立，一查我爸爸的历史，是国民党的团长啊，他就被抓去审查了。那时我才十一岁，我妈妈一辈子都没有出来赚过一分钱，所以卖武我都要跟着别人去咯，我自小就很懂事的。有时为何说旧戏班的东西我知道比较多

---

① 当时粤剧戏班演出组织者，也称“班政家”“班蛇”。

呢，阿娟姐[①]说：“是啊，我不够‘黑妹’知道得多啊。”因为她大班做得多，我就“坑渠班”[②]做得多，所以就懂得这些，也很挨得，我们是这样挨过来的。平时练功哪有这么空闲，只有一条裤子穿，洗完第二天又穿了，生活是这样的。我爸爸被抓走后，我什么都去做，去了“南半岛”[③]扯扇，以前那些理发店是没有风扇的，拿块布这样扯一下再扯一下，就当风扇了。

何　车：我知道，我也见过这种风扇，现在很多人都不知道了。

陈路诗：现在还有“南半岛”，在海珠区成珠[④]斜对面，当时扯一天扇的报酬是一毛五。

何　车：那时候能糊口算不错了。

陈路诗：老爸被拉去了，老妈就没得吃了，俗话说：“找纸角来包米。”新中国成立初期，什么戏班我们都去做了，成珠就是订河南老倌的，陶陶居[⑤]就订大老倌，我们是没资格去陶陶居的，当时陶陶居三楼就是订音乐员的，二楼是订普通戏班一般演员的，三楼房座就是门大老倌的。

何　车：三楼进去里面是大老倌的，那里还要上几级台阶才进里面的厢坐。

陈路诗：是啊，那时我们不敢到那里的，就连看都不敢看。最多是在二楼巡一巡。要接订就在“成珠”接，很多人订我做梅香，“黑妹，明天大沥，几点钟……”，我拿着套梅香衫裤就去了，只有一个小栊柜，没有其他东西了，我的路就是这样走过来的，所以我所见的、懂的东西就是由底层开始的，因此比较多。

何　车：你最初演戏做主角是在哪个团呢？

---

① 阿娟姐，原名冯小娟，粤剧花旦小木兰。

② “坑渠”是广府俗语，指下水道。这里指戏班规模很小、艺术水平低下。

③ 广州海珠区南华路一间有名的理发店。

④ 广州海珠区一间著名酒楼，过往粤剧演员多聚于此，现已结业。

⑤ 广州西关著名茶楼，旧时很多粤剧老倌于此驻场演出、洽谈戏约。

陈路诗：我十一岁那年开始做正印花旦，从做“坑渠班”慢慢做到不“坑渠”。以前深圳罗湖的文化局局长陈志超[1]，乳名叫“德仔”，现在退休了。他爸爸叫陈秋秋，以前做男花旦的，因酬劳便宜订我演出，那时我是“挨世界”的，所以不会计较。咬着一根蔗就去东莞接做正印花旦了，薪酬只有2元钱。行头也只有一件披风、一条白裙、两套旗装。演“正辫”[2]用它，演“大头”[3]也用它了，我有声、眼睛大大的，容易受观众欢迎。那时还没有麦克风等扩音设备，要一直唱到最后一排的观众都能听到。

讲一些好笑的事情吧，那时候德仔都做“拉扯”[4]了，我和他两个人都“未嗅性”[5]，在东莞厚街划了一只艇到江中心，不料却划不回来，只好在艇上大叫“救命”。看着快要装身演出了，那怎么办呢？终于有个疍家好心把我们的艇拉过来才救了我们。前些时间我们见面还讲起这事。我们这些戏班佬的子女感情都很好，几十年来一直都这样。

德仔的妈妈秋嫂做正印花旦，不管她的艺术水平怎样，她有胆主演《鸳鸯剑》《白毛女》等，这些全部都是“书仔戏”[6]，由于我没读过书，只能演“爆肚戏”[7]。笛子的“笛”字怎么写呢，我就画上一支笛做标记。那时还没有电灯，只能用煤油灯放在床头，看曲到半夜居然火烧蚊帐。明天就要演出了，戏就是这样逼出来的。后来我说：“秋叔，我不如做‘爆肚戏’啦。”我想演爆肚戏，因为我从六岁开始就一直演戏，没有读书，不识

① 陈志超，粤剧演员。
② 戏行行话，指花旦演员。
③ 戏行行话，指演戏中中年妇人的角色。
④ 戏班行话，指演出中的一般群角。
⑤ 指思想幼稚，不成熟。
⑥ 当时参照小人书（公仔书）内容加以发挥而演出的戏。
⑦ 指没有剧本，没有规定的内容、表演程式、唱词，依靠演员即兴表演的戏。

字，又是演“爆肚戏”出身的。那时不像现在，当时这里订你演六天，那里又订你十天，如果能订十五天，已经算长的了，订三天的也有，还要自己租屋住。

市剧团那些年轻人问我：“诗姐，你是什么科班出身呀？”我说是“坑渠班”出身的，呵呵呵。那些戏班是在祠堂门口演出，两边用来化妆，演出完煞科了就铺张席子在那里睡觉。在祠堂门口演出，观众就用长凳、板凳来占位置，没有戏院也没有麦克风，我们都习惯了。练声的时候，老爸用一条盘龙棍顶住我的腹部，要求运气达到丹田，演出时才能使最后那一行也听得到我的声音，不管我唱得好不好听，总之听得到就行了。女姐曾经问我：“阿诗，你是怎样练声的呀？”我说用一条盘龙棍顶住肚子嗌“合尺——”①，她说：“有些高音这样练是不行的。”她就教我运用头顶共鸣的方法，自己试一下，效果好多了。以前我练得不够规范、不够科学，但我的长处在于舞台经验比较丰富，我临时顶替茶姐②演出“供状”③，大哥风④都说：“路诗算不错了。”他那些戏咬文嚼字的，好像念诗一样，对我有一定的难度。他问我：“你不害怕吗？”我说我不怕！牛叔⑤告诉我：“阿诗，不用害怕，你如果不记得曲词，我就给你打锣鼓，你走‘水波浪’⑥啦。”后来牛叔去世，我拿了两瓶酒到他家里，跪下奠酒，牛叔关心我们后辈，真是好人。我们过来人见得多，除了学习别人的优点，也学会了“踩人”⑦。

何　车：你“踩人”就第一啦。你是什么时候被国营剧团收

---

① 粤剧“工尺”谱基本音阶，发音是“何车”。

② 茶姐，粤剧演员陈小茶。

③ 粤剧《王大儒供状》中的一折。

④ 大哥风，行内对陈笑风的尊称。

⑤ 牛叔，广州粤剧团击乐师傅刘焘，他的绰号叫“打锣牛”。

⑥ 粤剧特有表演程式，演员在舞台上随意一个地点起步，以半圆形的线路，急促走到另一演员跟前。

⑦ 戏行俗语，意思是故意夸大或丑化别人的缺点，带有贬义地模仿。

编的？

陈路诗：新中国成立初期到1951年，省文教厅是欧阳山当厅长，那时有很多“流散艺人”，文教厅就组织了十五支队去配合土改宣传。那时我才十五岁，是广东省农村粤剧第十五队，绿衣郎[①]的老婆邝艳飞做正印花旦，梁艳云做第二花旦，我就做第三花旦。关国华[②]当时是“大锣”[③]，还未会演戏，关云峰就是关国华的堂兄，后来培养关国华演戏，当时关国华都二十五岁了。那时邝艳飞正在谈恋爱，不想演戏，梁艳云声音条件又不够好，就由我顶上做第二花旦，后来再进一步又顶上做正印花旦了，邝艳飞很有规律，一到下午五点半就“失声”[④]，她说：“阿诗啊，我声音不行了。”其实我是很害怕的，那些戏的剧本别人读几次给我听，我都不知道为什么能这么快记住，可能注定我要吃这一行饭的，就算自己心里害怕，但出到舞台的表现都很淡定的。可能是由于过去做细班多，见识多，懂得“爆肚”的缘故。

讲个笑话给你听，在农村剧队演出《失足竟成千古恨》的时候，本来戏中正印花旦说：“我爸爸对你很好，为什么你说不好，三日一小宴、五日一大宴，那还说不好？”我不识字，“宴”字和“晏”字都分唔清，把“宴”字念错了“晏”（在粤语中“晏”和“宴”发音不同），结果就变成了“我爸怎么对你不好，三日一小晏、五日一大晏”。满台哈哈大笑。

农村剧队就是由文教厅组织的，属于国营剧团，所以我的工龄就是从那时开始计算的。一年后，这些工作队不够用，就又组织了五个队，一个队二十一人，我什么都要做了，如果那场演出不用正印花旦，我就要帮做手下，二十一个人包干。纯粹是军事化锻炼，所以我从小就有严格的组织观念。

① 绿衣郎（生卒年不详），20世纪40年代粤剧丑角演员。

② 关国华，广东省粤剧院演员。

③ 指打击乐乐器中高边锣配大镲，这里指关国华担任打击乐演奏员。

④ 指演员嗓音沙哑，不能唱戏。

何　车：那时你入党了吗？

陈路诗：没有，我才十五岁。

何　车：十五岁也可以入啊，刘胡兰也是十五岁入党的。

陈路诗：我十九岁时在高鹤入党的。

何　车：在高鹤剧团那时吧？

陈路诗：是的。在农村剧队的时候，组织培养我做正印花旦。那时候自己水平很有限，只是懂得一些东西，但声音够响亮，能镇得住场，眼睛大大的，观众都喜欢我。过去前辈们培养我，现在我们应该培养年轻人，我以前也是这样给别人推上去的。没多久，一年多两年后，完成了土改任务，农村剧队就解散了。

新中国成立以后，广东粤剧界第一个以现代剧领奖的，我是第一人，主演《木头夫婿》。当时欧阳山颁奖给我的，是一个毛主席像章，可惜我妈妈是个酒鬼，七元就卖了我的奖章。这部戏是林榆做导演的，那时我习惯“爆肚”，一向自由的人不习惯有导演排戏，但他耐心教我排练。和木头公仔洞房那一场戏，他问：“为何你的身体老是抖来抖去？你是‘震’还是害怕？”我说是在“震”。他说：“阿妹，你要内心害怕才行啊，你内心都不害怕，脚老抖有什么用呢？”那时我叫他林伯伯，他叫我小鬼，他导演排戏给我很大启发。

农村剧队解散了，没多久就成立了省粤剧院，去省剧院的多数是剧队的人，其中就有我的名字，但我爸爸不让我去。他说：“阿妹，不要去啊，剧院有势力的人多，人才也多，要什么时候才轮到你主演呀。”农村剧队就是国营的，工资两元一毛就是最多了，我是第三花旦，才一元三毛多，没多久就升到两元一毛了。

解散农村剧队以后，省内成立了三个团，一个在罗定，一个在新兴，一个在高要，分别叫海珠、凤凰、团结，我爸不同意我去省剧院，所以我就去了高要，那时和杨超明、张玉珍、谢先觉、黄婉兰那一批人一起，我做第二花旦。但人肯定是要往高处走，那个时候是“自愿合作、不愿不作”。因此，做了没多久自己就出来组班了，组织了南国粤剧团，那时开始正式担任正印花旦了。

何　车：那时就是高鹤剧团了？

陈路诗：不是叫高鹤，是南国粤剧团，最初是“分厘”[①]的。

何　车：叫作挂钩高鹤？

陈路诗：还没有。一开始是自己组织，在海幢公园[②]里排戏，租金是两元一天。我爸说一定要打好基础，所以我演第二花旦。那时我们“分厘”要交娱乐税的，国家没钱给我们，只是一年拨一些文娱的款项下来。我们购置物资，要订箱，有箱主、画主[③]。我们第一个台就“孖圈”[④]了，那时“分圈”，按照收入的比例，除了“硬皮”[⑤]，最高分得十五元。到1956年，佛山整风运动[⑥]后，1957年就挂钩了，挂钩后就改为高鹤粤剧团。

何　车：改高鹤就属于地方国营吧？

陈路诗：它又不是叫作国营，只是有政府承认你。

何　车：那时不是有一种叫地方国营的体制吗？

陈路诗：没错。

何　车：地方国营就是“孭你飞”[⑦]的，就叫作挂钩，就是用它的名字。

陈路诗：对，挂钩就是承认你了，你不要犯法，犯法我就可以管你。

何　车：没编制的、你们自己独立经营的，叫地方国营。

---

① “厘”在戏班中喻指金钱，“分厘”指剧团按比例分钱。

② 在海珠区内，有广州著名古刹海幢寺。

③ 指出租衣箱、杂箱、布景幕的老板或组织。

④ “孖”在粤语中意思为一双，“孖圈”就是双倍薪酬。

⑤ “皮”在粤语中有经营成本的意思，“硬皮”就是固定支出的成本。

⑥ 指20世纪50年代发动的，以“反对官僚主义、宗派主义和主观主义”为内容的整风运动。

⑦ “孭飞”在粤语中是承担责任的意思，这里指剧团归政府管理、监管。

陈路诗：对，因为我们还要交娱乐税给地方文化局。

何　车：因为你们那时候的组织形式刚过了“公私合营”[①]了，也过了“兄弟班”[②]那个阶段。廖元才[③]他们是否在那时出身了？

陈路诗：那时廖元才是以学徒身份进来的，他是跟文超武[④]（球哥）的，是球哥的干儿子。南国剧团还有吴佩云[⑤]，她刚从新加坡回来，有很多“私伙”[⑥]。我是就只有几件服装。我和云姐就成了一对正印（花旦），以前演员的排名都很有讲究的，一对正印花旦就“头尾名”[⑦]，我就头名，云姐就尾名，后面才是文武生、武生这样排下去。南国剧团挂钩后也是“分厘”。但我们就是运气好，去东莞石龙演出，演一个台就可以买一块手表了，剧团每个人都很高兴。

何　车：那时你们“揾钱”比国营剧团还多啦。

陈路诗：肯定比国营剧团多啦，我们是不设上限的，总之，正印花旦和文武生担得住就行了。

何　车：主要是那时粤剧有市场，哪里都争着请演戏。

陈路诗：那时哪里有戏院呀，全部都是搭戏棚演出。在高鹤很艰苦，不管你是正印花旦还是文武生，都要搭棚的，到步就要集体参加落箱。因为我在剧队锻炼惯了，整块夹板我都可以顶上山。因为自己是熬过来的，才知道今天是多么幸福。

何　车：这就是你在高鹤的经历。

陈路诗：那时才十七岁。

---

① 20世纪50年代政治术语，是指公（社会主义）对私（资本主义）进行合并改造，实际是把私营企业公有化的运动。

② 由几个主要演员自己出资共同经营的戏班，比喻他们如兄弟般合作。

③ 廖元才，江门粤剧团演员。

④ 文超武，粤剧演员。

⑤ 吴佩云，广州粤剧团演员。

⑥ 指私人购买的戏服和演出用品。

⑦ 在演出海报上，将同一级别的演员分排在两边（头尾）表示不分高下。

何　车：记得那时你们最有名的现代戏叫什么？

陈路诗：《明冢泪》，原来叫鸳鸯山上什么明冢泪的，我们就说那么难记，干脆就叫《明冢泪》吧，最初是南国剧团演，这套戏是张丽芬担的，我和周郎①做一对童男童女陪葬。后来黄达山、徐丘明等领导调我去组织一个专区剧团。本来以前地区有一个青年粤剧团的，但是没有台柱担得起，要找六大台柱才能撑起，所以就要调我、梁少初、梁国铿、李帆风、梁小勤、钟志强做六大台柱，成立了肇庆地区粤剧团。那时肇庆还是属于佛山的，佛山专区汇演，我们就演《明冢泪》。肇庆有两个地委书记，一个"文书记"，喜欢看文戏，像《红楼梦》之类的；一个"武书记"，喜欢看武戏，像《杨门女将》之类的。"文书记"黄大山喜欢看《红楼梦》，我没什么文化，问："《红楼梦》是不是《石头记》呀？林黛玉是不是整天都哭呀？"我请好朋友名中医梁剑波把《石头记》逐段讲解给我听，例如这一场"葬花"，为什么林黛玉要"葬花"呢？我明白后就懂得演了，就算不是很大的成功但都算成功啦，因为那时年轻嘛，梁小勤演宝钗。

记得我一进高鹤就"大跃进"②了，那时很艰苦的。1957年，高鹤文化局局长梁培益和曾新对我说："阿黑③，快来签个名。"我问怎么回事，他们说："入党申请书啊。""哦！"我就写了名字上去了。他们还说："明天去操场那里宣誓。"我说："宣誓啊，哦哦。"这样我就入了党啊！呵呵呵。

何　车：怎么这样儿戏的呀？

陈路诗：那时我还不够十八岁，我们的思想没那么复杂，因

① 周郎，南国粤剧团演员。

② 20世纪50年代末全党提出"三面红旗"，包括"社会主义建设总路线""人民公社""大跃进"，"大跃进"主要口号是"十年内超过英国，十五年内赶上美国"，即所谓的"超英赶美"。

③ 陈路诗肤色黝黑，故别人称她"阿黑"。

为我们是穷人出身，所以心里很感谢中国共产党培养我们。那时我很幼稚，连宣誓怎样举手也不懂，那时人们都说我“唔嗅性”的，叫我“癫妹”。

何　车：哦，又多了一个名字。那为何叫你“黑妹”呢？

陈路诗：我小的时候很黑的。

何　车：你现在也不白啊。

陈路诗：现在白很多了。我的养父当时问杨达的爸爸杨润培：“是仔还是女呀？”杨先生答：“是个女来的。”我爸就说：“我不要那些‘死仔包’（台山方言），那些‘死仔包’靠不住的。”就是说他要女不要仔，觉得儿子靠不住的。杨先生问：“这个好不好哇？”我爸一看：“眼睛好大。”那时我眼睛好大的，哈哈哈。我爸说：“好啊。”这是我和爸爸的缘分。那时雷威（茅拉二婶）、虾球叔、高文忠[①]他们都叫我“黑妹”。

何　车：你的名字陈路诗是谁改的？我听你的名字以为是英文名呢。

陈路诗：我最初读过几天书，大约一个多月吧，在南武中学对面的小学。

何　车：我以为你去南武中学读呢，呵呵。

陈路诗：是对面那间小学，有个姓赵的女老师，她很西化。那时我的名字叫陈黑妹，赵老师就说：“陈黑妹？！怎么这么难听呀，我给你改过一个名字好唔好呀，阿妹？”我说：“哦！”她把我的名字改成“Rose”（玫瑰花），中文用“露丝”这两个字。后来我被调去肇庆地区剧团，黄达山是文化人，他说“露丝”好像不太适合现在的社会，我给你改名吧，只改字不改音。我说好啊。那他就改成现在的“路诗”了。

何　车：其实这些就是时代的变化，那时你那洋化“露丝”，怪不得刺手啦，后来党就给你改为“路诗”了。

陈路诗：其实改什么我都是不太懂的。

---

① 高文忠，广州粤剧团演员。

何　车：后来人们又叫你“西江红线女”，是不是报纸那些文人帮你改的？

陈路诗：不是，简燕萍嫁给关良，去了澳门，她就带了张《澳门日报》回来给我看，其中有一篇报道就是写“西江红线女陈路诗”。其他人抢着拿来看，就这样一个传一个，传来传去就传开了。其实我哪有唱得这么好。

何　车：其实我感到这些都是硬套上去的，你有哪一样像红线女啊，他们说你是“西江红线女”，开始我怎么也想不明白。

陈路诗：那时南国剧团在佛山大戏院演出，我全部演女姐的戏。我十五六岁那时开始用留声机听女姐的《桂枝告状》《昭君出塞》《怨妇悲歌》等等，我从小就很喜欢听女姐唱。

何　车：你说“雀姐”[①]是“湛江红线女”，我没怎么听说过。你们根本就没有唱红线女的腔呀。

陈路诗：我很喜欢听女姐唱的，也很想学她跌宕、起伏有致的演唱方法。我去电台录《红珊瑚》时，电台的监制张志宏和小

1964年，周总理接见粤剧演员，二排左七是周总理，前排左五是陈路诗

① 雀组，湛江粤剧团的花旦孔雀屏。

陈路诗《魔水之恋》上装照

鬼姐姐[1]对我说："你的气像用不完似的，很像女姐的唱法。"我确实是很喜欢女姐的唱腔，演《红珊瑚》也是学她的唱腔，全部按照她的发音、她的感觉来唱的。有一次在佛山大戏院演出《搜书院》，门口挂大喇叭在播音，路过的观众问："咦，是红线女来这里演出吗？不是呀，是地区剧团演出。"就这样传开了。其实我就是喜欢女姐的戏，《山乡风云》我都全部模仿她的表演。加上《澳门日报》的报道抬举了一下，其实我演出有些地方也挺像红线女的。

何　车：我第一次正式看你演戏是1964年在广东迎宾馆，周总理来的那晚我们第一次同台演出。那晚你演《红珊瑚》，我们演《白毛女》。我们第一次艺术合作就是《魔水之恋》，从演戏到后来我当导演，我接触你演的都是现代戏。其实你们那一代人出身就比较少演现代戏的，但偏偏你就有很多现代戏，你成名就是因为《红珊瑚》。后来你到四团主要都是以古装戏为主。我想知道，演现代戏和演古装戏，包括"爆肚戏""提纲戏"等等，就是两种戏的风格都在你身上体现出来，你认为哪一种更加适合你演，更能发挥你的艺术特长呢？

陈路诗：我觉得作为一个演员就不要选择演什么戏。我现在有一个问题想不通。强调分行当，那戏路就很窄了，就是有些人就只会演"大头戏"，其他的就不会了。

---

① 小鬼姐姐，原名许婉文，中国唱片公司广州分公司高级录音师。

何　车：诗姐，以前不同啊，以前分“十大行当”①演戏，因为在一年中都是做那么几个戏，你是“包大头”就演来演去都是那几个戏，不用演别的剧目，也不用演别的角色和行当。

陈路诗：那就学不到东西咯。我十八岁就演“董大嫂”②了，本来我应该演“卖武张”的女儿，但我不演，我要尝试演不同的角色。我觉得分行当不是不好，就是戏路太窄了。

何　车：我发现你演古装戏和现代戏两方面都有成就，我想听听你的体会。两种戏怎么划分呢？对于我们来说经常会混淆的。

陈路诗：我是不会混淆的，我觉得做古装戏就应该有我们粤剧的身段，有粤剧的美，是吧？！不管你演什么，哪怕演梅香也好，你走出来就要吸引观众，古装戏要有身段和美感。而现代戏就要有时代感和生活感，当然这还不够，还要有我们粤剧的传统艺术感。所以，我演《红珊瑚》也运用了很多传统的技巧，例如一条辫子那么长，我就拿辫子来演戏，演现代戏如果太死板就不像演戏，像演话剧。话剧和粤剧是有区别的，不然怎么叫戏曲呢。现代戏也不能太矫揉造作，女姐在《山乡风云》中扮演刘琴，那场“书房会”她真的演得很好，很有知识分子的气质，现在的人都学不了她那种舞台风度。演古装戏我也很有瘾，也演了很多，以前我们由中央定下来的“331剧目”，就是指规定的三百三十一套健康剧目，除此以外就是“毒草”了，不让演的，这三百三十一套戏我已经演了二百五十多套。因为我们剧团一个台一套戏，一年就要演很多套戏。京剧《杨门女将》，我借回来看了四五次，演古装戏就要有古装戏的韵味。有人问我：“你是演文戏的还是演武戏的？”我说我是不分的，文戏我一定要有，

① 传统粤剧表演行当，包括一末（老生）、二净（花面）、三生（中年男角）、四旦（正旦）、五丑、六外（大花面）、七小（小生、小武）、八贴（贴旦、花旦）、九夫（老旦）、十杂（手下、龙套之类）。

② 粤剧《拉郎配》中的角色。

武戏我也要学一些。以前有一句话“文长武短”。我们做正印花旦，文戏是专长，武戏也不能够不懂。我很不理解有些书说分行当，我觉得作为一个演员要有一个专长，譬如我的专长是演文戏，但也不能忽视武戏。因为我们那时做正印花旦是不分行当的，文的演，武的也要演，这样在艺术上才能充分发挥，学到和吸收到很多东西。好像“云姨”楚岫云①演林黛玉，她拿着锄头站在那里，她的样子就是林黛玉了；而她演“十三妹”②也很厉害，演得很好。我觉得演员要多方面学习。

何　车：你还记得《红珊瑚》是谁导演的吗？

陈路诗：是李剑声，他去世了。他对粤剧很有感情，是文艺工作者出身的，他跟着大家穿着灯笼裤排练。他有文化素质，也有舞台调动的知识。

何　车：你演戏几十年了，和很多老倌、音乐、导演、名家都合作过，你刚才提到 “打锣牛”、臻叔③，在四团时与马丽明、“细路锦”、棠仔、培哥④合作，后来在“健力宝”⑤的时候又跟秋萍、钟康祺、大虾他们合作，在与众多的合作者合作的过程中有什么事令你印象比较深刻的？

陈路诗：我觉得正印花旦和文武生不能吵架，一定要有一个“让”字。那时我和李帆风合作，评工资我就评了每月二百六十元，是我们地区级最高的了，我就觉得不行，我是比李帆风低一辈的，我不能拿二百六十元，我要比他低二十元。所以文武生和正印花旦一定要团结，一定要互相尊重。

我爸教导我时说：“阿妹，这个人做了四十多年手下了，你要尊重他啊，他经验比你丰富，他站在毯边看戏比你多。”确实

---

① 楚岫云（1922—1980），广东粤剧院著名演员。

② 粤剧《十三妹大闹能仁寺》戏中主角。

③ 臻叔，著名粤剧音乐乐师骆臻。

④ “细路锦”，粤剧名演员卢启光的绰号，原名卢锦培。棠仔，广州粤剧团演员陈少棠。培哥，广州粤剧团演员李飞龙，原名李海培。

⑤ 指20世纪80年代的健力宝剧团。

是那样，虽然他不会做，但他会说你的不是。我做那么多班，但从没有跟音乐吵过架，只有拍肩膀、咬耳朵的，有什么都是一起商量。我爸爸教育我“七成‘棚面’[①]，三成老倌”，我觉得很正确，如果那些乐器音准不对，你唱得怎样好也没用，因此棚面是演员的命脉，演员与音乐一定要团结。好像我的录音带都是黎仍给我伴奏的，那时我们是没有导演、唱腔设计，也没有写简谱的，靠我们自己慢慢研究。我们没有剧院那种规范化，在这样的艺术合作形式下，就更需要团结、上下一心。在地区那时，大家都知道在生活中你怎么跟我开玩笑都可以，但演戏就不能够随便，一定要严肃、认真。大家合作也要有一个“让”字，我和“芳姐”何丽芳[②]合作过，我和她演对手戏，她会教我怎么唱，教会了我很多艺术知识。

何　车：你跟她演过戏？

陈路诗：我和她合作了一年多，李帆风去世以后就订了何丽芳。

何　车：她爸爸“生鬼容”[③]那时还在吗？

陈路诗：不在了。我和文武生合作都是很有感情的，首先是我尊重他们，我年纪小，他们自然就疼爱我。在生活上我们也天天见面，所以说一定要团结。演戏不用争的，做得好观众就会肯定你，当然，也要别人给自己机会，我也是靠别人给我机会才成长起来。我和李帆风、关国华、关云峰、梁荫棠[④]、黎锦棠、何丽芳、卢启光、徐醒飞、李飞龙等文武生合作过，关系都很好，互相尊重，他们也教会了我很多。以前的四团由于不太团结，结果停演了，后来只能先让我和徐醒飞担起，演《绣楼夜审》和《杨门女将》两套戏。每个人都想自己行，但必须要有规矩。

① 行内对粤剧乐队的称谓。

② 何丽芳（1922—1987），著名曲艺演员，曾担任原广州粤剧团唱功老师。

③ “生鬼容”，原名刘知方，著名粤剧演员。

④ 梁荫棠（1913—1979），著名粤剧小武，被誉为“武探花”。

就如明姐[1]曾将主角让给叶碧云。在《晨妻暮嫂》一剧中，明姐也让我做主角，我不愿意，我说我演那个只有一场戏的公主就好了，但她说："傻女，广州好多人都认识我，而你出来广州时间不长，没有多少人认识你，让多些人认识你不好吗？"因此，我总觉得在艺术方面，"无你不成，无我不就"，不要你不服我，我不服你，各人有各人的优点，把优点都集中在一起多好。

《绣楼夜审》剧照，中为陈路诗

何　车：你现在说出来我就明白了，为何四团好好的，既有演出风格，又有一堆老倌在，而且有一定的观众，最后却解散了。

陈路诗：我们四团真的有六大台柱，有卢启光、李飞龙、马丽明、陈少棠，我起码是第二花旦，稍年轻一点就是武生赵锦

① 明姐，马丽明。

荣[1]，还有家耀哥、国耀哥，他们也担惯戏，一直做主角的。但就是因为有些人老是在争。

何　车：我明白你说的道理，无论是一个艺术团体或是一个戏，最重要的是团结，如果不团结，本来很好的事都给我们搞坏了。我想问，你的师父除了你爸爸，你有没有正式跟过谁学过演戏呢？“偷师”除外。

陈路诗：我就是“偷师”，真没正式跟过其他人学戏。我是取百家之长，看得多、实践多。

何　车：你现在讲出来，我觉得你很另类了，很多人都喜欢标榜自己是哪个名师教的，其实艺人的成长道路除了是师父教之外，就是“偷师”。这是很重要的，所以给一些后辈的经验就是除了学师父的技艺之外，还要集百家之长，这种学习方法能给我们的后来者一些启示。你演了几十年的戏，令大家感兴趣的还有发生在你身上的很多有趣的故事，我记得有人曾拿了你夜间装尿的塑料盆去装炒粉，还说味道好极了，那件事是真的吗？以前戏班下乡，花旦晚上不敢出去小便，只有围着布帐在里面解决。

陈路诗：还有出场尿呢。

何　车：是啊，早上起床就把尿盆洗干净，演出散场后，你还没卸妆，有两个音乐员炒好粉但没东西盛，就拿了你的尿盆去盛河粉，还说好吃！他们还叫：“黑妹，快点来食宵夜啦。”你那晚好像没出声，第二天才说：“昨晚的宵夜好味吧，那个是我的尿盆。”哈哈。

陈路诗：当时我不敢出声啊，第二天早上起床我才对他们说。每个花旦都有个这样的尿盆嘛，不然晚上到哪里小便呢。

何　车：是啊，她们要小便，只能躲在布帐里面。

陈路诗：是啊，到野外还有蛇的。

何　车：你有很多这样的趣事啊！

陈路诗：是啊，我真的很多的。

---

① 赵锦荣，广州粤剧团演员。

何　车：你自己不吃，等人家吃完了才告诉别人，哈哈哈。

陈路诗：告诉你吧，记得在新中国成立前，“走南蛇”[①]那些人穿的手下衣[②]很宽很大的，我身材比较矮，就把手下衣和手下裤绑着两条带，好像穿吊带裤那样，绑在肩上，谁料走着走着，肩膀的带掉了下来，“走南蛇”完了还要“反猪肠”[③]，接着走，肩上的吊带滑下来了，整条裤子掉下来，整个人跌倒趴在台上，进场后给老爸骂了一顿。

何　车：哈哈哈，裤子掉下来了，观众没看出来你是女的吧。

陈路诗：没看出来，那条“手下裤”很长的。另外有一次和关国华演戏，穿灯笼裤又不敢走了，他问我为什么不走呢，其实我怕甩裤。那时很喜欢“三自（折）一包”[④]的裤子，卷不紧裤子就会掉下来，哈哈哈。

何　车：我怀疑是不是凡演过戏的人都尝试过。你看女姐在东乐戏院演出裙子也曾掉下来。

陈路诗：掉裙子我也试过。还有我十五岁那年，和关云峰演出《九件衣》，有一场要“甩水发”[⑤]的，刚一甩就把那水发甩到观众席中去了。

何　车：是你扎不紧咯，那肯定又给别人骂啦？

陈路诗：老爸骂呀，我害怕得不敢进后台。我说现在那些阿

---

① 舞台调度，粤语常称蟒蛇为“南蛇”，这种调度的走动线路就像蟒蛇蠕动爬行的形态。

② 传统粤剧手下的专门戏服，因为它便于开打，后来也有五军虎穿着手下衣翻跟斗。

③ 舞台调度，要求演员整体队形由内向外翻行，就像清洗猪肠时把它翻转那样。

④ 过去的唐装裤，没有裤带，就用两边摺起来挽起以防止裤子掉下来，戏行习惯以当时对农村的批判语言来形容。

⑤ “水发”其实是“甩发”，“甩”与“水”粤语发音相近，故粤剧戏行误把“甩发”念成“水发”。

哥、阿姐，勒水纱[①]勒紧一点他们都嫌疼，“贴片子”[②]就整块地贴上去。这样不行的，样子不好看，也贴不牢。所以勒水纱、带盔头，一定要练好，勒紧了不习惯会呕吐的，那不是开玩笑的。

何　车：你刚才说的就是演员不认真的情况，但太过认真太紧张也会出问题的。

陈路诗：为什么不认真呢，在舞台上不认真演戏，我没有那个胆量。

何　车：你肯定是扎不紧才会把水发甩出去啦。

陈路诗：不是的，因为赶场口[③]。那时我年纪太小了，爸爸可严格了，每次遇到这些事，进后台就先看看老爸的脸色，见他黑口黑面就好久都不敢进去。我十一岁就做正印花旦，没有失过一次场，我现在奉劝那些年轻人千万不要失场，因为失场你就没有了角色的情绪，如果有十个介口就轮到你，你就要站在“虎度门”那里，酝酿一下情绪。还有，我们穿起私伙戏服是绝不会坐下来，你要对得起观众嘛。

何　车：爱惜自己的私伙戏服。

陈路诗：公家的戏服也不能坐呀，服装人员给你熨得好辛苦的。

何　车：有时很严肃、很认真也会出问题的。

陈路诗：新中国成立初期，我和“棠叔”梁荫棠演戏，我做第四花旦，因为有个演员失场了，“阿妹，快点、快点，穿圆领、穿高靴。”要由我去顶，演“圣旨官”[④]。所以我就说一定要有这个经验，那你胆子就大了。不要说我不演这个角色、不演那个角色。我演戏从不挑选角色的。

① 粤剧演员化装戴网巾后，在头上围上长条形的黑丝带，主要拉起演员双眉，显得精神。

② 指旦角演员化装时把片子布系在前额上。

③ 指演员抓紧时间替换服装，赶上表演场口。

④ 粤剧古装戏中宣读圣旨的角色。

我们做演员的，能适应多种戏路、不同角色，那么你这个演员就厉害了。我演《杨门女将》，在枱上面身穿大靠翻下来。你说我胆子够大吧。当演员要胆大，不要怕辛苦。你看我练走圆台把脚趾都练弯了。

何　车：刚才讲了那么多你以前的“威水”史和有趣的事。我想问，你有没有徒弟的。

陈路诗：有，梁小青[①]你也认识啊。

何　车：她做导演，又做过团长。

陈路诗：我叫她不要演戏了，“沙声鸭”[②]似的，还演什么戏。

何　车：她是子母喉[③]。

陈路诗：是的。简燕萍、梁红[④]、何淑婉都跟过我，梁红跟我最久了。这些都是挂钩徒弟。

何　车：哦，就是领导分派的那种徒弟。

陈路诗：是的，不允许你不收的。说句真心话，她们只是帮我做杂务的，照顾我的生活，我没有时间去教她们。那时日夜场都要做，你怎么教，如果有半个小时空闲我都要睡一睡了，睡比吃还重要啊。

何　车：有空就拍拖啦。

陈路诗：我也没空拍拖啊，那时二十多岁，对感情方面不是太看重。我现在也是这样说，你说感情和艺术两者权衡，我宁愿要艺术，我不需要太多感情。

何　车：对，这是真的，我们年轻时候也是这样，都是一心放在舞台上，放在练功上。

陈路诗：如有来生，我也要演戏。如有来生，我再找陈飞飞当我爸。如有来生，我再找回何车来采访我。

---

① 梁小青，江门粤剧团演员。

② 指人的声音沙哑。

③ 指唱曲时假声为主，真声为辅，真假声混合起来的唱法。

④ 简燕萍，高明粤剧团演员。梁红，粤剧演员。

何　车：哈哈哈。确实是这样。那个时代的年轻人，十几二十岁，如果会拍拖，那他（她）已经很成熟了。

陈路诗：那时根本不会想这些。

何　车：那时根本没有这种意识。

陈路诗：我一去江门演出，江门戏院经理上后台找我："陈路诗呢？"剧团的人说："她在厕所，正在唱曲的那个就是她了。"你看，我在厕所也唱女姐的曲。

何　车：很奇怪，很多演员都会在厕所和冲凉房里唱曲的。

陈路诗：那时真的没时间去想谈情说爱的事，只会想，为什么别人唱得那么好，而我却唱不好呢。走路在想，坐车也在想。连上厕所、冲凉时都在想。在演出中唱错了一句就会整晚失眠，责怪自己。

何　车：搞艺术的人必须要这样才行的，我记得"挤哥"胡迪醒①提醒过我，因我在西关骑单车回桂花岗上班，一边踩车一边背剧本，忘记了就下车看看口袋里的那张纸，然后又放回去继续骑车。胡迪醒知道就骂我："你要小心啊，好危险的呀！"

陈路诗：还有在厕所里背曲啊。如果一个台只演一出戏，就算很好了，我曾经和陈少棠一个晚上演一个总纲戏啊。

何　车：呵呵呵。你刚才点了几位徒弟，梁红、梁小青，现在都成材了。

陈路诗：都算是好姐妹吧，还有简燕萍。

何　车：你现在有没有想过收学生呢？

陈路诗：现在的青年不学我们"老古董"的东西了。

何　车：你教我也可以的。

陈路诗：那我教你反身。

何　车：你教过我的。

陈路诗：我教过你"跳大架"②吧。

① 胡迪醒（1917—1992），广州粤剧团主要演员。

② 粤剧基础表演程式组合。

何　车：是“配马”[①]。因为我只懂“男配马”，不会“女配马”，那次陈振江的妈妈要演出，她不懂“配马”，就找我学，我只好“五祖传六祖，越传越冇谱”，现买现卖，哈哈哈。

陈路诗：我五六岁就做《斩二王》[②]，演“女配马”了，我爸爸教我，为什么要表演“配马”呢，因为正印花旦要利用这段时间换戏服。

何　车：这些传统的排场和程式，现在的年轻人不懂，另外也不需要了，没那样的“介口”给你演，时间太长。要以前只有落乡班才需要演天光戏。现在规定演出两个小时，你出去演十分钟都会给别人骂的。

陈路诗：我们那时候每晚要演足四个小时的戏啊。

何　车：你现在精神状态还很好，那有没有想过找个年轻的学生来教？

陈路诗：主要是我们都不太适应现在年轻人的艺术追求。如果教青年演员唱“木瓜腔”[③]那就更麻烦了，我是学雪影鸾[④]的，现在很多演员连讲“官话”[⑤]都讲不正，那怎样学。

何　车：为什么你演《金莲戏叔》的时候，不找雪影鸾学呢？

陈路诗：那时她已经去世了。

何　车：她演这个戏很有名的，她是“州府老倌”[⑥]。

陈路诗：我肯定知道啦。我拍录《金莲戏叔》时，一共才响

---

① 粤剧表演排场，一般都是手下或梅香完成的个人单独表演排场。

② 粤剧传统剧目。

③ 出自《六郎罪子》中“穆桂英下山”一折，属于专戏专腔。

④ 雪影鸾（生卒年不详），20世纪初期，全女班花旦。

⑤ 指粤剧官话，俗称舞台官话或戏棚官话，基本使用中州韵，是粤剧最初使用的舞台语言。

⑥ 广府民众过去对南洋一带的国家和地区称为“州府”，故称在这些地方学艺演戏的演员为“州府老倌”。

排过两次。还有，锦叔[①]他整天都叫我“执生”[②]，你和他排戏，最主要是“执生”介口。

何　车：他每次排练都不同的，今天走的调度位置，明天响排时就不一样了，响排和正式演出也会不同。

陈路诗：对啊，少点“班身”[③]都给他吓坏。所以我们现在怎样跟年轻人说呀，我们过去是演惯“爆肚戏”的。

何　车：你们在拍片时，我在观众席上一直忍住笑。我想锦哥怎么演戏演到广州话、“官话”、普通话、英语全都用上呢。

陈路诗：哈哈哈。他为什么找我演潘金莲呢，就是因为我会“爆肚”，就在銮舆堂响排两次，只排了两天半就去录像了。

何　车：讲起锦哥，我有很深印象的，我也和他合作过；我们到广西演出《雷劈好心人》，他是文武生，我演“宋忠”，差点给他玩死了。他不用排戏的，在广西柳州演出，在台上我问他：“世侄，你出去有没有借到钱回来呀？”他突然“爆肚”：“啊，叔台，陈一民话冇粮，华嘉又话冇钱，杨奎章又话冇米，啊，你叫我如何是好呀？”这三位都是当时广州市宣传部、文化局的领导，我在台口，你叫我怎么办呀。

陈路诗：他就是这样的，老是在舞台上突然“爆肚”，搞到你手忙脚乱。

何　车：我当场就“背场”[④]，但又不敢笑场。尾场是“大审”，轮到他审我了，我一进门就要跪下面对观众，他审问说：“下跪者是谁？”我跪在下面模仿他的口音：“小人宋忠。”他儿子在剧中扮演他的弟弟，就在舞台上嘀咕：“怎么回事？怎么两个卢启光的呢？”观众哄堂大笑，前一场你害我，这场我就害返你，哈哈哈。

① 锦叔，指卢启光，原名卢锦培。

② 广府俗语，随机应变的意思。

③ 指进入戏行的艺龄。

④ 在舞台上，演员背向观众站立。

陈路诗："扯诙谐"[1]咯。

何　车：那要看在什么地方演出，看观众是否可以接受这种表演风格。以前有些艺人没什么谱，会笑死你的。今天我们讲了那么多过去的轶事，都是给年轻人留下一些笑话，留下一些舞台的趣事。今天十分感谢诗姐！

陈路诗：不客气！

陈路诗（前右）、何车（前左）与《访谈录》编务组工作人员合照

① 戏班俗语，意思是开玩笑。

访谈感悟

陈路诗的“招牌”笑声，总是让你未见其人，先闻其声。

认识诗姐是在四年前，她爽朗的笑声和开朗的性格令我觉得她身体里的每一个细胞都在欢乐地跳动着，快乐地带动着身边的每一个人。在这一次的访谈后，我对诗姐又有了更深一层的了解。如诗姐自己所说的，她就是注定吃戏行饭的，她的言谈举止中流露出对粤剧的热爱，是那种从骨子里散发出来的热爱！而她和粤剧的结缘离不开她和她父亲的缘分，是她父亲带领着她走进戏行，影响着她对艺术和对人生的态度。虽然诗姐与她父亲并非亲生父女，但他们之间有着不可割舍的深厚感情。在诗姐眼里，“缘”比“源”更重要！在工作与生活中，诗姐对有恩于她的人，铭记于心；对与她共事的人，视如兄弟姐妹，她的知恩图报与重情重义令我想起了“落地为兄弟，何必骨肉亲”！

诗姐那句“如有来生，我也要演戏。如有来生，我再找陈飞飞当我爸。如有来生，我再找回何车来采访我” 是多么的坚定，教会了我们：做人一定要懂得惜缘、感恩！

梁嘉琪

访谈时间：2015年4月27日
访谈地点：广州粤剧大院
受　访　者：吴建邦
笔录及整理：区子珩

『挥洒长袖泛五湖』

——吴建邦访谈录

吴建邦，广东南海人，1940年出生于澳门，国家二级编剧。自20世纪60年代起，先后担任广州市粤剧团、广州市文艺创作研究室专职编剧，代表作有《革命家风》《秋月娟娟》《恨锁唐宫》等数十出粤剧剧本。20世纪80年代中期，他经营广州新时代影音公司，制作、出版音像制品逾亿。曾获得广州市劳动模范及全国以文补文先进工作者称号。

何　车：我们做访谈的出发点有两个，谢彬筹[①]老师曾说：“我们省很多人搞口述历史，尤其是政界与商界。但是文化类的口述历史没有人做。”我们要填补这个空白，这是第一点；题目设想是“访谈录”，如果叫“口述历史”，就稍为严谨一些了。另外，香港也做了很多口述历史工作，但是他们没有我们的特色，我们粤剧院团有干部，访谈干部可以从另一个角度看粤剧。

吴建邦：可以从一个管理者和见证人的角度看。

何　车：对了，我完全想不到效果会这么好，我们曾采访吴志明[②]，计划是两个小时，她足足说了三个多小时，写了十多页笔记，讲述了过去很多我们不知道的事情。包括管理、艺术、官场等方面，很有历史价值。我们不是“狗仔队”[③]，主要通过访谈为我们现在的行政管理和艺术生产提供一些参考。

你老人家是“儒商”，哈哈！横跨两界。你曾说“商人重利，艺人求名”。

吴建邦：是啊，很直白的表述。

何　车：你太太[④]是求艺术，哈哈。

吴建邦：不过她这么辛苦练功，都是希望做出成绩，有好的名声。演戏不做名演员的确没有什么作用。坦白来说，目标就必须是这样的。商人不赚钱就不是做生意了，问题是要合法，不违背良心。取之有道就好啦，亏本的生意没有人做的。

何　车：我们访谈录更希望是反映受访者真实的心态和思想，很多老人家过去不敢讲的事情，现在都敢讲了。他们没有

① 谢彬筹，戏剧研究专家，曾任广东省艺术研究所所长。

② 吴志明，原广州粤剧团行政干部，曾任广州粤剧团总团艺术室主任、广州青年粤剧团艺术秘书等职。

③ 指一些专门跟踪知名人士（例如艺人、政治人物、运动员等）报道“秘闻”的记者。

④ 吴建邦的太太是著名粤剧花旦卢秋萍。

岗位的束缚，可以自由地谈自己的看法。我采访舞美设计潘璠[①]时，他连自己离婚的事情都讲。

吴建邦：讲起舞美设计，之前我为卢秋萍写了一篇悼念南佗[②]的文章。我很少接触他，由秋萍口述。

何　车：秋萍最初在太阳升剧团接触他。

吴建邦：后来在市团也有很多机会接触南佗。“文革”后秋萍演的戏很多由他担任舞美设计。

何　车：我们进入正题了，我年纪比你小，你比我入行迟。

吴建邦：我1963年才进入剧团。

何　车：1963年才进剧团？那么我比你要早，你要叫我师兄了，哈哈。

吴建邦：我一开始在编导班，算不算入行了？

何　车：当然算了。

吴建邦：那应该是1961年了。

何　车：那就跟我一样了。

吴建邦：我正式入市团是1963年，刚开始在艺术室。编导班算是粤剧团组织的。

何　车：你应该是1961年中参加编导班，我是1961年第三季度进入剧团。跟胡子雄、谢韵群[③]一批的。

吴建邦：就是这批人了。

何　车：我们都是进沙村那批人。你在话剧团应该更早些。

吴建邦：话剧团的经历不算在粤剧团上了，我是1961年中进入编导班。

何　车：你们都算是正式学员，包括胡子雄、谢锡光、谢韵群、霍志雄，我都比较熟悉，当时他们还没有学会编剧。

吴建邦：是啊，我那时刚刚高中毕业。

---

① 潘璠，原广州粤剧团舞美设计。

② 南佗（1916—1996），原广州粤剧团舞美设计。

③ 胡子雄、谢韵群，当时粤剧编导班学员。

何　车：他们和我一起到沙村的。为什么你会跟他们一起参加编导班呢？

吴建邦：当时广州市文化局希望粤剧团的编剧和导演都参加培训，除了招募新人外，还把现职的艺术干部中有志于当编导的人吸纳到编导班。他们的年纪比我大一截的，几乎可以当我的父亲。

何　车：例如尚德贤就是我在粤剧学校时的班主任。

吴建邦：估计比我大十几二十年。

何　车：远不止吧。当时他当我班主任就已经很大年纪了。

吴建邦：因为我们是编剧导演训练班。学习导演年纪较大的学员有五个，郭慧、谢雪筠、谭芬等，谭芬则从未真正导演一套戏。

何　车：尚爷和李灿燊[①]分别学什么呢？

吴建邦：李灿燊学编剧。

何　车：他写过戏。

吴建邦：但他走得比较早。

何　车："文革"后的事情。"文革"中他是什么原因进"牛栏"[②]呢？

吴建邦：我也不是太清楚，但总有原因。

何　车：譬如何建青、陈卓莹[③]就肯定要入的，因为他们已经变成了"死老虎"[④]。李灿燊则不是这个问题。

吴建邦：可能是一些历史问题，"三青团"[⑤]之类的。

何　车：那时候我也试过做"监趸"[⑥]，大家都算是难友。

吴建邦：你年轻时算是一个调皮仔。

---

① 李灿燊（1923-？），广州粤剧团编剧。

② 在"文化大革命"中被打倒的革命对象叫"牛鬼蛇神"，而关着这些人的牢房就叫"牛栏"。

③ 何建青、陈卓莹，广州粤剧团编剧。

④ 指在过去历次政治运动中早被打倒的人。

⑤ 指中国国民党下属的青年组织"三民主义青年团"，简称"三青团"。

⑥ 指在"文革"中陷牢狱之灾的人。

何　车：我就觉得奇怪，李灿燊、尚德贤与你们不同辈，年龄相差一大截，为何一起上编导班？

吴建邦：我们是同学，我还保存了那时大家的一些合照。

何　车：哇！肯定相当珍贵。这批人现在好像只剩下郭慧、谢雪筠、你。

吴建邦：是啊，大部分都已经离世了。最疼心的是较年轻的占的人数更多。

何　车：只剩下你了吗？

吴建邦：不会吧。

何　车：袁衍丽还在吗？

吴建邦：应该还在。失联不等于已经离世，哈哈！另外霍志雄仍然健在。

何　车：他过去澳大利亚了。

吴建邦：留着这里的，胡子雄、谢韵群、黄学军、谢锡光都离世了，六个人中走了四人。

何　车：我对他们的印象比较深。现在不管编剧训练班还是导演训练班，甚至演员训练班，不是北京的就是上海的，广东没有人搞，那时你们班为什么能找到这么多老师上课？

吴建邦：他们都是泰斗级的老师。

何　车：如果放在现在，我想找他们讲一堂课都很困难。

吴建邦：应该说华嘉的面子大，老师都是由他邀请的。

何　车：詹安泰、刘逸生全部是泰斗级人物。

吴建邦：刘逸生是唐诗专家；宋词的专家叫杨松华，他是省人民出版社社长，属于国家级的宋词专家。还有赵康武，他是华师大逻辑系主任；谭达先讲民间文学；杨子静讲编剧；麦大非讲导演；靓少佳讲表演；陈卓莹就讲写唱常识。我们上了足足一年课。

何　车：陈卓莹出了一本书。

吴建邦：对啊，他出完书后跟我们讲课的。

何　车：现在很难有这样的机会了，一是主流不习惯找广东人讲课，二是想找这些泰斗级的人已经很难了。如果按照时间推断，那时他们正当盛年，未到五十岁，包括杨子静、陈卓莹、麦大非，他们年富力强，正是思维最活跃的时候，佳叔[①]应该差不多六十岁。

吴建邦：大概五十九岁吧，他主要是身体不太好。佳叔真是好人，记得我第一天到剧团报到，他听说我想做编剧，就说："靓仔，今日请你食饭。"他单独请我一个，虽然他不知道我是谁，他是总团长，觉得我进团学习编剧，就马上请食饭，所以看得出佳叔很重视编剧。我是受宠若惊啊。

何　车：那时我真笨，为什么不报名学编剧呢，哈哈！回顾你在艺术室的日子，那时谁是艺术室主任？

吴建邦：副主任是陈卓莹、崔老四[②]，正主任我忘记了。

何　车：是邓宝兼任还是林奕[③]？

吴建邦：好像是邓宝。邓宝是书记，林奕是副书记又是副总团长，后来佳叔走了后他任总团长。

何　车：崔子超做艺术室副主任时身体状况不好，记得去沙村时他负责带班。陈自强那个时候还是个"靓仔"。

吴建邦：他比我大六年，我二十三岁，他应该三十出头。

何　车：当时他还没有戏写出来，算是有个《刘胡兰》。

吴建邦：他已经是一个正式的编剧，但是未挂到团。秦中英[④]在陈笑风的团，何建青先在靓少佳的团，后来跟了卢启光的团。就是春风和东风剧团。有剧本多数是这两个团接的。谭青霜[⑤]就在朝阳剧团，这个剧团主要演员有陈少棠、陈小茶。黄锡

① 佳叔，著名粤剧小武靓少佳。

② 崔子超的绰号。

③ 林奕，曾任广州粤剧团总团团长、副团长。

④ 秦中英（1925—2015），原广州粤剧团编剧。

⑤ 谭青霜（1928—1993），原广州粤剧团编剧。

龄就在吕雁声和马丽明的团[①]。

何　车：马丽明好像去东风剧团了。

吴建邦：1961年我进剧团的时候，情况就是这样了。马丽明后来才调到东风剧团。没有团挂职的是陈自强、黎普泽、陈光。

何　车：百花剧团是谁任编剧？

吴建邦：让我想想。

何　车：陈光是1964年去沙村演出队的。曾浦生[②]曾在市剧团吗？

吴建邦：不是曾浦生，我讲的是秦中英的师父，名字是……

何　车：傅炜生[③]，他是写戏的，是陈绮萍[④]的养父。

吴建邦：是啊。

何　车：那时他已经很少写戏了，戴着一个金丝眼镜，穿着一对皮的唐装鞋。

吴建邦：他已经六七十岁了。我刚才讲的就是我在粤剧团六年间艺术室的同事。

何　车：老八[⑤]还未来，到演《白毛女》的时候才过来。这批人一起氛围真好。

吴建邦：人才济济，艺术室从来未试过这样人强马壮。

何　车：你进剧团后到"文革"前这段时间，艺术室好像没有出过戏。

吴建邦：都写过一些粤曲，我就写了一首《红灯记大联唱》，就是站在舞台上集体唱《红灯记》的剧情，还带一些表演。是我们改编的。

何　车：是谁演的？

---

① 此处所指应该是广州粤剧团一团和三团。

② 曾浦生，粤剧编剧。

③ 傅炜生（生卒年不详），曾任华南文联粤剧研究组编剧。

④ 陈绮萍，广州青年粤剧团化妆师。

⑤ 粤剧演员文少非的绰号。

吴建邦：当时“文革”分了派别，我们那派是“东方红”，就是“东方红”负责演出，卢秋萍演铁梅。还帮工农兵演出队写一些曲。

何　车：“文革”前我都听过这个词——“三头凶龙”[①]。

吴建邦：当时华嘉带我们到人和[②]搞“四清”，足足搞了一年时间，第二年又去了花县粤剧团，这次在剧团搞“四清”，整个运动持续差不多两年。第一年在农村，早上参加劳动，晚上我们与华嘉一起住，他说：“我们不如写一些农村题材的戏配合‘四清’运动啦。”

何　车：那时华嘉担任什么职位？

吴建邦：是宣传部副部长兼市文化局局长。

何　车：他也在省文化局工作。

吴建邦：省文化局的副局长，调到广州市文化局担任正局长，同时也是市委宣传部副部长。我们去那条村叫方石，三个人写戏时，一支笔一沓稿纸，冲一壶茶。我多数是执笔，陈自强就含着烟斗，来回踱步构思，蔡衍芬[③]不吸烟。首先度桥[④]，桥度好才开始写。无论舞台提示、唱词口白、锣鼓排场，每个人想好就说出来，彼此提意见，如果都觉得可以就定下来了。

何　车：算是集体创作了。

吴建邦：是啊，我们三个人各有长处，陈自强最熟悉粤剧，从小到大都在剧团，锣鼓音乐排场都知道，所以如何用曲牌和排场介口都是他出主意多。蔡衍芬对唱词就比较熟悉了，写词速度很快，虽然有时很粗糙，但是我们会修改好，他很多时候都有佳

① 原是当时苏联电影中的角色，戏行内借此嘲讽华嘉带着的三位青年——陈自强、蔡衍芬，吴建邦。

② 花都人和镇。

③ 蔡衍芬，广东音乐曲艺团撰曲家。

④ 戏行行话，原意是构思剧本情节、矛盾冲突，后被引申为想办法、出主意的意思。

句，文思敏捷。我从读书到后来在话剧团都喜欢写戏，看过很多名著，话剧很着重结构，所以剧本结构、人物性格刻画、戏剧冲突、如何铺排剧情就是我的强项，度桥多数就是我了。三个人算是珠联璧合，写作效率很高，如果只有自己一个人写，就真是搜索枯肠，单单构思一句话就觉得很困难，单单是填小曲就头疼。

何　车：个中苦况不为人所知。华嘉有冇比意见？

吴建邦：他不会参与创作，只是最后看看，提一些意见，帮我们修改。他说不如叫“方石人”，因为我们是方石村工作队队员。我们前后一共写了六七个剧，后来就全部给花县粤剧团演出。后来农村工作队演，秋萍都演过《迎春》等剧目。

何　车：这种创作模式已经是恍如隔世了，现在很难理解。

吴建邦：没有了。

何　车：特别是一个局长都参与到你们的创作中，我曾经讲过一个笑话：“以前是局长揾我，甚至市长都认识我，现在不同了，我不认识他，他也不认识我。”

吴建邦：干部氛围有所不同了，“四清”运动时我在炭步，袁衍丽有幸和陶铸一个生产队，我就在隔离生产队，但我亲眼看到他卷起裤脚，穿着背心，带着草帽在田间劳动，从午饭后一直工作到太阳落山，没有休息过。但是他都有四五十岁了，他是中南局书记，位高权重。现在就很难想象了，就算是乡长都未必做得到。

何　车：讲到华嘉，当然你接触他比我要多，以前我并不认识他，只是他在上面做报告，我在下面听。排《南海长城》时，最初是棠仔[①]排，后来从青年剧团调人过去，秋萍演阿螺，黄匪演……

吴建邦：陈笑风演区英才，这个是后来参加中南汇演的版本，当初选了九个“阿螺”、十个“区英才”。

---

① 棠仔，粤剧演员陈少棠。

何　车：但是都演不来，后来只能在青年剧团找人过来“加顶”[①]，之前的演员只留下一个练玲珠，就连罗丽燕都换了，谭志基演书记。在杂技团连排的时候，我是新换过去表演的“打仔”[②]，我知道他是华嘉，但是不认识他。我们设计武打套路时，那时罗景初[③]都在，有一个飙毯[④]的动作，他在台下看突然说：“戏曲如何运用程式，就好像蔡孝本（何车）那样，这个程式动作用在这里非常合适，现代戏就需要这样。”我不知道他怎么知道我的名字，可能是我调皮出了名。我就奇怪了，我与他没有打过交道，甚至连谈话都没有。

吴建邦：可能他是听别人说的，这些事情他很上心的。

何　车：那个年代连戏桥都没有，作为一个干部，他比较内行，能够说出所以然，我坦白说，现在就算是剧团中的人员都未必懂。他把舞台程式上升到他认为的理论高度。另外，我当时只是一个“打仔”，他居然认得我。

你讲陶铸，我可以讲曾生[⑤]，他也是不知道我们的名字，他把梁雪梅[⑥]叫作“上海妹”，称我为“小胖”。

吴建邦：他与剧团的关系密切，有次正印花旦林丽心[⑦]在后台看见他来探班，就对他说：“衰鬼，甘耐都唔来探下我地啊。”她居然敢对市长这样说话，可以看出他们之间很融洽。

何　车：我记得有年大年初二，青年剧团跟随他到“东纵”[⑧]老区慰问，晚上演出完毕后，他连夜返回，我们演出人员

---

① 指剧团在原有演员阵容基础上，邀请个别著名演员加盟。

② 负责武打表演的演员。

③ 罗景初（1930—1994），广州粤剧团演员。

④ 指演员俯身在地毯上滑行。

⑤ 曾生（1910—1995），广东人民抗日游击队东江纵队领导人，后任中共广州市委第三书记、广东省副省长、广州市市长、南海舰队司令等职务。

⑥ 梁雪梅，广州青年粤剧团演员。

⑦ 林丽心，广州青年粤剧团演员。

⑧ 指“东江纵队”。

则在第二天才返回，后来在惠阳海边走了一转，老区群众见到他，十分热情，大声叫："曾司令！"你可以说这是军民鱼水情，也可以说党群关系好。

吴建邦：他与群众是以命相交的感情。

何　车：那时候机关也不会给粤剧团拨很大笔经费，甚至筹建桂花岗都不是政府投入经费的，是粤剧团自筹的。但是我们能够看到他们对粤剧行业的关怀。例如你们老师的配置，这种关心支持延续到20世纪80年代。我是"上戏"[①]的，读书时感受很深，不知广东是否经济状况好些，给我上课的老师都是顶级的。其中余秋雨[②]就主讲"戏剧美学"，导演和诗词课都由系主任担任，都属于学院中最顶尖的教授。

从你的回忆中，我感受较深的就是对学问和艺术的投入、关注的程度是现在所欠缺的。

吴建邦：关于华嘉，我还记得一件事，当时他被"解放"出来后，到文艺创作室上班，那里还有杨奎章、许诺[③]。那时我写了一个短剧叫《革命家风》，华嘉为了这个戏，晚上写了千几字关于这个戏的意见，指出不足的地方同时提出修改建议。他能够用心对待一个作者的剧本，真难得。

何　车：你曾经跟随他到中堂[④]？是排演《故乡情》的时候？

吴建邦：是啊，我、袁衍丽和黄学军三个，跟朝阳剧团去，由他带队。

何　车：你们去中堂哪个地方？

吴建邦：我记得好像是茶滘大队，在那里排演《故乡情》，他带我们去并不是叫我们看戏，而是把我们带到基层生产队与农

---

① 指上海戏剧学院。

② 余秋雨，中国著名文化学者，上海戏剧学院教授。

③ 许诺，著名电视编导。

④ 指东莞市中堂镇。

民“三同”[1]。大本营排戏持续了一个多月，我去了一个知青家插队，同食同住。袁衍丽、黄学军都在附近的，大家同一个村。我们深入生活，他就在剧团排戏，其实那时戏还未有，谭青霜一边体会生活，感受水乡的环境和干群关系，以陈残云的电影《故乡情》为蓝本创作剧本，改编为粤剧。他们一边写一边排练，今天写几页，明天就排几页。所以排了一个多月，南伦随队担任舞美设计，当时一整套班底过去的，导演是陈予之。南伦设计好布景后就把它张贴出来让大家看，我记得有个农民说布景上那棵只是涌蕉，就是在涌边长出来的蕉树，这种蕉树是不会结出果实的，他说南伦画出来的全部是涌蕉。华嘉就以这个为例子，说明深入生活的重要性。如果没有到过蕉林，画出来的东西就会闹笑话，只画出一些不健康的“蕉公”。

何　车：华嘉有个笑话，你听过吗？“文革”时期，据我所知，市文化局的干部陈仲达、陈东等副局长都被批斗。

吴建邦：陈东是党委书记，陈仲达是副局长。

何　车：“文化大革命”中，很多“走资派”被打倒，华嘉则在平安戏院被批斗，这是第一次在全系统范围内的批斗。他有个秘诀，就是态度好，无论对方强加什么罪名他都承认。有次我带他到“百花园”监禁写检查，现在可以跟你说，当时实质上是保护他，没有人知道他在百花园，连食饭都派人专门送给他，如果在外面，他难免会被人打。他写的检查一大沓，像书稿一样，字又写得漂亮，我们“造反派”哪有心思看，干脆就不理他了。我曾私下问他：“华局，为什么别人安你那么多罪名你都承认？”可能他是“老运动员”了，说：“虽然我认了，但是无法定案的，必须由中央文化部为我定案，你们批斗吧，哈哈，要落实定案，唔係你话係就係，唔使咁惊。”我说他是老奸巨猾。

吴建邦：起码他是不吃眼前亏。

何　车：很多干部很倔强的，陈仲达不交代、不说话，反倒

① 指与农民“同食”“同住”“同劳动”。

被别人打。

吴建邦：陈一民也被人打过。

何　车：他在杂技团经常被人打了。由此可见，干部都有各种不同的性格和处事风格。

吴建邦：应该说他的经验老到，他在1938年就入党了。

何　车：自他“解放”后，我始终觉得华嘉对年轻一辈非常关心，我与他接触时间最长就在隔离室[①]，大家相处了差不多一年。我不如你幸运，能够在他身边学到很多东西，他是老一辈的革命家和干部，包括做人、管理、艺术各方面值得学习的东西很多，是一位难得的干部，包括陈东、陈仲达、杨奎章都是那样的干部。

吴建邦：那时年年斗、日日斗，有斗人也有被人斗，经历多了人都变得纯粹了。政治环境给我们造成一种压力，要在这个大形势下求生存。

何　车：能够像他那样活得相对有自由是很难得的。

吴建邦：人有畏惧、有敬畏才能好，那时你畏惧斗争，就会想办法避免行差踏错，这样就会好些。

人人都经历这种社会大环境，没有贫富之差，虽然艰苦但觉得平等，心态就会平衡。

何　车：以前他能够在“中堂”跟你们一起排戏，现在很难有这样的机会了。

吴建邦：他代表了老一辈的干部、共产党员。

何　车：我们通过回忆，以华嘉作为一个代表，再次忆起当时的干部作风、工作方式、管理方法，到今天还是很怀念他们。

提到你自己了，你说你自己的代表作是《秋月娟娟》，为什么你会写这部戏呢？

吴建邦：当时在创作室，一周只有星期四上午回去政治学习，平时都不用上班的。一年三百六十五天，我们只有几天要上

---

① “文化大革命”中监禁“牛鬼蛇神”的囚室，美其名曰“隔离审查”。

班，自然是要“交货”的。如果交不了，自己也没有脸留下来，刚刚遇上省文艺汇演，提早一年告诉我们，要搞一部新创作的戏。文化局和创作室自然把任务交给我们编剧，我接到任务后就考虑应该写什么。那时是20世纪80年代初，刚刚改革开放，很多酒店落成，像中国大酒店、白天鹅宾馆、花园酒店等，我们都去过并且与酒店的职工、管理人员接触过，因为何贤先生的缘故，我们有幸体验这些高档酒店。我就思考写一个关于酒店员工生活的戏，《秋月娟娟》就是写一个酒店服务员与车队队长的恋爱故事。整部戏都是凭空构思，一年时间反复深入生活、构思剧本。当时单位允许到外面体验生活，获取灵感。我到新会写剧本，我就在新会的圭峰招待所，遇到以前的同学许宏盛[①]，他在省话担任编剧。

何　车：后来是省剧协的艺术室主任。

吴建邦：他做了省话的团长。中学时期我们一起到青年文化宫学习编剧，所以大家都比较熟悉。碰巧他也在招待所写东西，我把自己的构思告诉他，虽然他不懂粤剧，但也提了一些补充意见，我就是这样完成了《秋月娟娟》。由于大家感情很好，他也提出了意见，所以编剧加上了他的名字。

这个戏是秋萍和许玉麟主演，大虾、吴粉超[②]演反角，薛杏媚演傻妹。改革开放时期，人们很羡慕“南风窗”[③]，如果家里有外边回来的亲戚，就会有很多接济和外来进口商品，生活就会好些。所以很多人喜欢嫁“香港客”，嫁有“南风窗”的家庭。《秋月娟娟》就是针对这些时弊和风气创作的，宣扬一种立足本职、勤劳工作的品格，引导人们要凭自身的努力追求幸福生活，鞭挞了好逸恶劳，不劳而获，总想用不正当手段致富的坏风气。

① 许宏盛，广东省话剧团专业编剧。

② 吴粉超，广州粤剧团演员。

③ 隐喻家中有在国外或港澳居住的亲戚，能够接济和帮补家庭，给家庭带来如南风一般的温暖。

其中反派是个香港人，另外一名香港贵妇则是正面形象。当时观众反应很热烈，因为汇演的缘故，很多省、市领导都去观看了。大家看了这部戏后觉得这是一部轻喜剧，庄谐并茂，得到较好的评价。最后获得“优秀剧本”奖。

卢秋萍、许玉麟主演《秋月娟娟》

还有一段故事，因为参加省汇演有名额限制的，省内又有很多剧种，汉、粤、潮、琼等，还有雷州剧。分配下来，广州市就只有两台，红线女肯定占了一台，陈笑风也一定要有。这样两个名额，秋萍这个戏就排不了。我这么辛苦把剧本写出来，为汇演而写，却无法参加省汇演，就连排练的机会都没有。当时现代戏是没有什么票房价值的，这是实话。我觉得不服气，作为编剧，自己的戏没有机会排练上演，这不是很可悲吗？所以我写了两封信，一封递给市文化局，一封写给省戏剧家协会，因为他们是主办单位，还抄印了一份到市委宣传部。我把自己的情况和要求都写在信上，最后感动了省剧协的李门[①]，可能他看过剧本，破格把这次汇演再增加一个粤剧名额，一共三台。真是死里逃生，结果只有我的剧本得奖。经过这件事，我的感触很大，就算你的水平能比肩曹禺、莎士比亚[②]，如果遇上名额限制，又不是大老倌演出，剧本就会被埋没。握笔杆这么多年，难免遇到这些问题。

1984年陈残云、孙乐宜、陈雨田、陈芦荻、杨应彬、许士杰等观看《秋月娟娟》后与吴建邦、卢秋萍合影

当时艺术室的人"下海"[③]搞新时代影音公司，曾石龙[④]两个月就举手投降了，钱花光了但是工作没有成效。袁德波接任总经理，他不愿意接收一个"皮包"公司，没有资金也没法筹借。杂技团到欧洲演出，他是副局长，就带队去演出。一个公司不能

① 李门（1914—2000），戏剧家，曾任华南文艺学院教授、广东省文化局副局长、广东省戏曲改革委员会副主任、广东省戏剧家协会主席等职务。

② 曹禺（1910—1996），中国现代著名话剧剧作家。莎士比亚（1564–1616），文艺复兴时期英国杰出的戏剧家和诗人。

③ 指放弃固定工作投身商场创业，因为当时经商在人们眼中是"砸烂铁饭碗"有去无回的选择，"海"指纷繁复杂、风险莫测的商海。

④ 曾石龙，曾任广州市文化局副局长、局长。

群龙无首，阮焕局长就找我商量，让我去接手。当时创作室曾石龙是副主任，我也是副主任，还有一个区伟雄，他已经去了假日酒店担任老总。我想如果能够改变自己的职业都是好的，自从有《秋月娟娟》这件事，我就开始想改变了。最终我接管了，卢秋萍也支持我，王建勋则跟我说："浪费你的才能，做这些做不好会犯错误的。"的确有很多国有企业的老总被逮捕了，但最终我都去了，白手起家成功转行了。

有些宴会和大型活动由于配额的原因，请帖数量不够，当时创作室编剧很多，有些没有得到请帖的编剧当然有意见，觉得其实我的戏都写得不错啊，心理不平衡。肯定有人没帖的，例如省市粤剧编剧家访港团去香港，有名额限制的，所以这些矛盾就难以避免了。后来我想如果公司能赚钱，我就做派帖人，不做收帖人。有钱就能去香港，对吧？

何　车：哈哈！

吴建邦：我大概有二十年时间做编剧，十六年时间经营"新时代"，差不多占据人生一半时间。如果选择继续当编剧，可能人生就没有那么精彩了。特别做粤剧编剧，如果是电视剧编剧可能有所不同。

何　车：电视剧编剧能赚钱，粤剧编剧是"难能而不可贵"[①]。

吴建邦：记得杨子静第一天给我们上课，他对我们说："你们算是入错行了。"一个大编剧家居然这样跟我们说，其实他意思是做粤剧编剧要吃得苦，要忍受无名无利。那时候编写一部剧，即便全部由自己完成也称为集体创作，有很多无关人员都会加自己的名字进去。

何　车：你讲这个例子我觉得很精彩，现在还有这种情况。最近一个学生跟我说："学校布置一个作业，题目是以后自己想

① 指当粤剧编剧不容易，此为"难能"；但粤剧编剧可能一辈子都无名无利，此为"不可贵"。此语出自名编剧家杨子静。

做什么职业。”她想做编剧，问我意见，我说：“唔係入错行，待你们成长起来的时候，还有粤剧编剧吗？”现在感觉不需要粤剧编剧了，随意找一个讲普通话的人来改改剧本，再找几个音乐设计就可以了，根本不用粤剧编剧，所以我说这个职业以后可能会消亡的。粤剧团现在已经没有聘请编剧，以前每个团都有一个编剧挂钩，你刚刚也提到了。

吴建邦：还有一些是没有团挂靠的。

何　车：现在剧团中是完全没有编剧的，尽管大家都说青黄不接。

吴建邦：很多都到了文艺创作研究院。

何　车：文研院几乎是唯一的机构了。华嘉当时要培养编剧，你排演《秋月娟娟》后离开，其实你算是“叛徒”，哈哈！

吴建邦：其实都算是的。

何　车：回到编剧的话题，熟悉也好、私心也好，我发现你编写的戏很多都是为秋萍量身定做的，你有没有写过不是她演的戏？

吴建邦：有，《卓文君》就不是她演的，是给刘晓珠演。

何　车：都是秋萍那个团，为她服务，哈哈！

吴建邦：是的，我做“新时代”都是赞助她的。

何　车：我想表述的一个问题是，编剧和某一位演员长期合作，为她量身订造写戏，究竟是好还是不好呢？

吴建邦：当然是好事，例如秦中英与陈笑风，何建青与靓少佳、卢启光，谭青霜与陈少棠、陈小茶，他们又何尝不是为老倌度身定做。“阿架”[①]最拿手的就是说：“这个戏适合你啊。”

何　车：哈哈！这是出了名的。

吴建邦：这就算是度身定做了。其实对于他来讲心中是有泪水的，他没有剧团挂钩。如果没有人演他的戏，相当于白写。所以他要吸引那些老倌演他的戏。

---

① 粤剧编剧陈自强的绰号，意指他的相貌像日本人。

何　车：我称这是自我推销术，嘲讽他的剧本："讲戏比提纲要好，提纲比剧本要好，剧本比排戏要好，排戏比演出要好。"我是当着他面说的。

吴建邦：这样说显得刻薄些，哈哈。

何　车：《范蠡献西施》中，他叫谭志基演伍子胥[①]，说："这个戏特意写给你的，演完你就能扎了。"阿基其实演什么角色都不会相差太多。

每个编剧都会形成自己的创作风格，你说他的剧作风格是通俗幽默，以诙谐幽默见长。这种风格肯定是与演员长期合作，在默契中形成的。例如秦中英写的戏一般只能给陈笑风演，如果让虾哥演就不是那回事了，无论是唱词、曲牌他都不适应，虾哥就要找陈冠卿了，哈哈！所以编剧与演员合作过程中是会形成相应的风格。

现在我们的粤剧创作如果丢掉这种好的、相对行之有效的经验，就谈不上是创作。随便找一个连广州话都不懂的人来做，不要说了解演员，即便是这个团的风格都不知道，这样写出来的戏就不会好了。

又回到你刚才说的"商人重利，艺人求名"的点子上了，你当编剧留下了自己的剧本选，我可以通过看萍姐的戏了解你的风格和成就。我想知道在经营"新时代"的过程中，除了逐利，你还收获了什么东西？例如你培养了什么人才，"新时代"有录音、演唱，很多人都不知道的。

吴建邦：有很多，经商是另一个领域的职业，我经营"新时代"的确学到不少，这些是当编剧的时候学不到的。首先经商要跟社会上不同部门打交道。编剧只需要在家拿着书和笔就可以了，不需要外出应酬，与别人做公关工作。特别当时我们是白手起家的，"新时代"只有三个人，杨建章、财务和我，在创作室划出半个办公室给我们，三张办公台，买了三个皮包，真是

① 伍子胥，春秋末期吴国大夫、军事家；粤剧《范蠡献西施》中的角色。

"皮包"公司。名片印得非常漂亮，写着总经理、董事长吴建邦，其实什么都没有，文化局拨下来的十万元已经用了九万，买了三个母带[①]，由于我们没能力生产，只能购买。有母带就可以复制，我手上拿着三个母带，最后一万元也所剩无几了，因为要给薪酬、水电费。我托人找了辆富豪牌旧车，请了司机开到佛山。当时佛山有广东省甚至全国范围内唯一能够复录卡式录音带的工厂。我计划拿母带去复录，那边一个小时可以复制两万盒，我与别人交换名片、洽谈。要生产必须先付定金，到出货时再付尾款。问题是我根本没钱交定金，我跟女厂长说："你喜欢看粤剧吗？"她说："喜欢啊。"当时佛山有很多戏剧迷的，我跟着说："我太太是卢秋萍。"她听到后很兴奋："你太太是卢秋萍？我很喜欢去看她的戏，她经常来佛山演出。"我当然顺着说："现在我资金有点困难，可以交货后三个月再一次性付款吗？"

何　车：哈哈，还有这样的，真是"皮包"公司。

吴建邦：大家都是国营单位，她可能觉得我是卢秋萍老公应该不会走数，万一收不到都可以找秋萍。戏迷都是有感情的，最后都答应我的要求。

何　车：算是"空手套白狼"吧。

吴建邦：幸好当时的市场环境相当好，1984年还是计划经济刚转市场经济的时期，有一种制度叫"托收成付"，就是货商交货后，批发商必须要有银行担保，签约后，我们可以拿一万盒或者十万盒，合约上的货款银行已经担保了。几十万货款如果我没有能力付，就由银行先付。所以那时这些国营单位不会有烂账，不会被走数。

那时什么都能卖出去，国产的录音带少，多数是香港"四大

① 歌手在创作歌曲、选歌并练习完毕后，正式在录音棚原始录制的、经过编辑完毕的磁带（光盘），可以用于复制、生产制作音像制品。

天王”[①]的卡带，粤剧粤曲的卡带非常畅销。应该说当时市场是卖方市场，所以三个月肯定能卖光。我把一个母带做十万盒，数量多厂长也不肯，这样一共三十万盒，每盒批发价四元一角，加工包装费她只收我一元左右，换言之每盒卡带有三元一角利润。三十万个三元一角就是九十多万元了，“第一桶金”就是这样赚回来的。后来我们把迎宾馆中最旧的两个单位租下来，打通合并，中间装一面玻璃，一边放一台卡式手提录音机，另一边装修成录音室，找人翻唱一些梅艳芳、邓丽君的经典歌曲，边唱边录，母带做好又叫厂长复制。这样利润很高，经常都是几百万元一年。

何　车：现在回过头来看，这些算是“粗制滥造”了

吴建邦：是啊。但是人们接受，当时还没有翻版，一是当时

1989年，吴建邦陪同文化部部长王蒙（前排中）、广州市文化局局长阮焕（前排左）考察新时代影音公司

① 当时香港流行乐坛代表性的四位男歌手，分别是张学友、刘德华、黎明、郭富城。

技术还未成熟，二是卡式录音带翻版，它的音质肯定变差，磁带会掉磁粉，别人听一次就知道是翻版，翻版就没有人买的。到后期CD出现就有问题了，随便翻录一张效果都是百分百还原的，没有办法分辨出来。所以我们有十年时光过得比较好，不断赚钱，仅是交税都几千万元。这些是编剧学不到的，整个过程中，我要和生产商、批发商、全国范围内的经销商打交道，例如新华书店、五金交电商场、广电门市部等，国内各省市的批发商都是我们的朋友。只要我们开订货会，他们全部都会来，大家交朋友，靠他们来推销。市场中最重要的就是消费者，当然还需要制作的团队，包括编辑、录音师，这是制作部门的，还有歌星。

当时我有幸到香港做版权贸易，为什么有这个机会呢？那时广州市政府成立“越秀公司”作为对香港“外经”①的窗口，政府的各个局，如冶金、纺织、轻工、一商、二商，包括文化局都有名额。文化局只有两个名额，整个文化局一共有三千多人，能够有机会去香港赚钱的就只有两个单位的人员，一是文物总店，卖字画和一些国家允许出售的文物，当然是“光绪”②后的东西。二是新时代影音公司。电影公司、演出公司冇可能到香港赚钱，它们只是戏院，票房也不能开到香港去。当时我作为代表到香港学到不少东西，原来可以与一些歌星签约，然后替他们包装、度身定做一些歌曲录成唱片出售，这些歌曲也可以在电台打榜，每月一次，上榜后人们就会在电台听，听过后自然就想购买这张唱片。我学习了整套操作流程。那时国内有四百多个音像出版的老总，只有我到过香港学习。学成回来后，我就“照版煮糊”包装歌星，最终找到杨钰莹、毛宁、林依轮，结果非常成功。杨钰莹、毛宁，单是一版都超过百万只，一盒带中有十一二首歌，批发价一共值四百多万，所以杨钰莹的“宝马”比我的“丰田”还要好，她坐靓车的机会比我多，我分版税给她。

① 指对外经济贸易。

② 指清朝皇帝爱新觉罗·载湉的年号。

我们还特意给她找地方住，请保姆照顾她，除了唱歌，其他事情都不用做。之后“太平洋”“中唱”[①]都模仿我们的做法。编剧不用管别人，是给别人管的，但是现在我必须管理自己的团队，懂得用人。

何　车：这些讲出来容易，做起来就很复杂了。

新时代影音公司打造的“金童玉女”组合

吴建邦：对啊，很复杂。但同文艺创作有关联的地方就是当遇到问题时，我就会“度桥”，想如果自己是剧本中的主角，在商场上遇到这个问题应该怎样做呢。既是从编剧的角度选择自己应该如何面对，也会考虑对方会怎样对付自己。这些都是编剧时期学到的东西对我的帮助。

除此之外就是要和钱打交道，以前当编剧连稿费都没有，记忆中《刁蛮公主憨驸马》好像给我稿费了。

何　车：出去演出都会发些劳务费，比现在要好了，以前出去演出还能赚些外快，通常“二厘”“三厘”[②]。

吴建邦：我曾帮杨子静、陈冠卿卖一些戏的版权，一是静公名曲《山伯临终》，陈冠卿就忘记了是哪些曲，最后出售给风行唱片，他们每人获得六千元（港币），十分欢喜。杨子静还说：“《山伯临终》写给大哥风唱，多年来都只是饮过一杯咖啡。”当然不是说陈笑风不付版权费，那时很多机构都没有版权意识。

何　车：之前你谈了很多，我们知道你退休后写了一些作品，有没有把你自己的丰富多彩的人生经历糅合进去？因为其他编剧、文人都没有这种经历。有打算写一个这样的戏吗？或者不

① 指太平洋影音公司和中国唱片总公司。

② “二厘”指总收入的2%；“三厘”指总收入的3%。

局限于粤剧，可以是电视剧、话剧。

吴建邦：我觉得不需要了，自己年纪也大了。

何　车：但现在是生活经历最丰富最成熟的时候。

吴建邦：我有写一些回忆，每天写一些。

何　车：其实你可以考虑写话剧。

吴建邦：话剧没有机会演啦。

何　车：因为你是话剧出身的，所以我想跟你探讨一个问题。秦中英曾说："话剧的导演把话剧玩死了，就来玩死我们粤剧。"因为粤剧也很喜欢邀请话剧导演来导戏，老秦意思是他们自己的话剧还不能搞好，怎能搞好粤剧呢？为什么话剧比粤剧衰落得更快呢？我认为他们总是"扯着自己的头发要离开地面"。

吴建邦：不接地气。

何　车：为什么现在《七十二家房客》《外来媳妇本地郎》等电视剧收视率这么高，就是因为接地气，描述的就是老百姓生活中每天都发生的事情。有部话剧叫《风雪润芝》，谁会看？仅是看到这个名字就觉得不想看了。要演老百姓想看的东西才行，不能脱离生活。话剧很多用普通话，对广州人来说已经有了隔阂，用广州话的话剧以前还有。

吴建邦：以前省话剧团有两个队伍，其中一个就是粤语队。

何　车：那时演的戏还算接地气，还有观众看。现在所谓参加汇演的剧目，如果投放到市场上，有票房吗？

吴建邦：舞台艺术都会有票房问题，很多都没有市场。

何　车：我们粤剧还可以苟延残喘嘛。

吴建邦：又有多少人买票呢？！

何　车：也不是啊，很多包戏的，当然他们不会包获奖戏，哈哈。下四府、东莞，过年春班、秋班，绝对不会上演那些"精心打造"的戏。

吴建邦：粤剧在佛山、湛江一带还是有观众的，不过仅限春班、秋班，整年来看还是不景气。

何　车：最近我发现一个奇怪现象，苏能业[①]带一个美国的社团到茂名，他们想看戏，接待的人就说："你们想看哪一出戏？"当时一共有八个团在茂名演出。

吴建邦：如果在茂名，这种现象不奇怪啊。

何　车：说明了粤剧还是有市场的。所以我经常说："不要说粤剧没有人看，而是我们没有戏给观众看。"精心打造的戏不一定能够投放到市场上卖，有些戏是根本卖不了的，因为仅仅装台就要花三天时间。到别人戏院要把人家门口拆了才能把布景拉进去。

吴建邦：这算是"不食人间烟火"。

何　车：这些都是获奖的戏。

吴建邦：这些是不利于粤剧发展的。

何　车：我也觉得话剧并不是没有前途，没有市场，我希望你能参与。你生活经历太丰富，例如选择反映广州市茶楼早午晚三市的事，演广州十几小时发生的事，只要真实，肯定有观众看。

吴建邦：讲一些热点新闻。

何　车：传播民心、民声，这是正能量，也接地气，给党宣传。

吴建邦："区伯嫖娼"[②]之类，哈哈！

何　车：很好啊，只要接地气、正能量，话剧都可以演。所以我觉得重担应该落在你身上。

吴建邦：恐怕要时光倒流二十年才可以。

何　车：之前秋萍姐搞的活动不是培养了周丽珊[③]吗？那些戏不错。

吴建邦：最近她收的两个徒弟都不错。

---

① 苏能业，美国业余粤剧社团负责人。

② 当时广州热点新闻。

③ 周丽珊，南方电视台粤剧节目主持人。

何　车：是谁啊？

吴建邦：一个是广东省粤剧院的莫伟英，刀马旦行当水平很高，我觉得是划时代的人才。

何　车：但是很多“演戏不练功，练功不演戏”的例子。

吴建邦：她坚持练功。

何　车：要知道很多人“学戏得成无戏做，学戏不成当干部”。我经过很长时间的思考，觉得话剧等舞台剧是把平台让给了电视，为什么话剧不能发挥自己戏剧的优势呢？戏剧与影视是两回事，它们各有自身优势，有所谓的戏剧美学。我认为话剧是可为的，所以我真心寄望你能再写话剧，现在几乎没有人能够写了。

现在有一个困惑不少人的问题，前天看《羊城晚报》一篇文章，说一个“忍”字代表很多东西，我觉得两个人如果一个强势、一个弱势就需要“忍”。每个成功男人背后都有一个女人，但是你是成功男士，你太太也是成功女士，你们又如何相处呢？

吴建邦：其实就是她强势的时候我辅助她，我强势的时候就她辅助我，大家不斗强。我们也比较特殊，因为出身不是同一个行当，如果我是演员可能就不同了，你看红线女与马师曾都会斗啦，黄志明与陈锦心也是一样。我们两个一个是编剧一个是演员，可以说她离不开我，我也离不开她。我比陈自强要幸福。

吴建邦与妻子卢秋萍一起研究剧本

何　车：陈自强都幸福，哈哈！

吴建邦：我少走些弯路，他说："这个戏最合适你。"我幸福是因为有一位当演员的太太，还是担纲的名演员。

何　车："葵扇烟"老婆[①]。你知道为什么吗？

吴建邦：不知道啊。

何　车：那我向你透露一点吧。以前市团有个说法，"大细鬼"是红线女、陈笑风，接下来整副牌最大"葵扇烟"了，就是说最大这三个了。

吴建邦：我都是第一次听。

何　车：关于两夫妻的相处，你刚才都说好的一面，夫妻恩爱，我倒想你谈谈夫妻间应该如何做到"忍"？

吴建邦："忍"其实经常会有，最要害的问题是伤心，"忍"是上刀下心，就是指用刀刺在心上，当然伤心了。忍要付出很大的代价，但是不忍是不行的。我的看法是《斗气夫妻》中的一句话，"两夫妻是不能够讲道理的，老婆要用来疼爱的，不是讲道理的"。当然是指非原则性的、芝麻绿豆的小事，夫妻往往会因这些小事斗气，喜欢讲道理，讲道理就意味着"我对你不对"。你指责妻子不对，她肯定不服气的，所以就不要讲道理，只能忍。例如我开车，明显是向东才对的，她说向西，就要忍。她总是"十万个为什么"，当你直走时，她问你为什么不转弯，当我转弯时她又会说为什么不直走。千万别讲道理，初时就是由于讲道理，她差点要"跳车"。

何　车：哈哈，你真的有很多"经典金句"。报纸上的文章也不单单谈夫妻之道，也举例说皇帝面对大臣的攻击都必须忍。"忍"字应该是儒家文化的一种体现，具体事例则是见仁见智了。因为你们两个都是社会上有名气的人，作为朋友相处也是有

---

① "葵扇烟"指扑克牌中的"黑桃A"，因黑桃形似葵扇，在广府俗语中，"黑桃A"亦称"葵扇烟"，它是除了"大小鬼"外最大的牌。卢秋萍当时在剧团地位仅次于红线女、陈笑风，故有"葵扇烟"绰号。

难度的，何况两夫妻，每天都要相处，肯定会有磕磕碰碰的时候。所以你讲的“两夫妻不能讲道理”真是经典名句。这句话甚至可以做这次访谈的题目。

吴建邦：如果你们回家与妻子讲道理，她肯定要黑脸。

何　车：今日很高兴向邦哥学了这么多，我有些话要对你说的。我跟你的现状有少许不同，你能坚持写东西，但我已经说不再写戏了，也暂不排戏了，专心做一些别人不做的事情，所以促成这次访谈，谢谢你！

吴建邦、卢秋萍夫妇（前排）、何车（后三）与《访谈录》编务组工作人员合照

访谈感悟

俗语说得好，“隔行如隔山”，能够在不同行业中均有所建树者毕竟是为数不多的。吴建邦老师从一名文学创作者投身复杂多变的商海中，驰骋于两个几乎没有交集的领域，毫无疑问，这需要无比的勇气、毅力和坚持。抉择和放弃需要勇气，创业艰苦需要坚持，为事业奋斗则需要毅力，他的经历对年轻人富有启迪性。

人生是变幻无常的，人们往往踌躇于对未来不确定性的恐惧，错失了很多机遇，而抓住机遇的人往往让自己的人生变得更精彩。吴建邦老师敢于跳出自己熟悉、喜爱的粤剧编剧工作，毅然投身商海，角色的转换促使他不断学习、不断总结经验，最终由默默耕耘的剧作者转变为八面玲珑的成功商人，的确难能可贵。

我很欣赏吴老师的直率和坦白，他认为“商人重利，艺人重名”，毫不掩饰自己的真实想法和商人的功利心，在浮躁的社会大环境下，又有谁能真正不忘自己的初心呢？

吴老师充分发挥他的幽默和睿智，谈及夫妻之道，他的脸上总洋溢着幸福的笑容。人生如此，夫复可求？

区子珩

访问日期：2014年5月8日
访问地点：广州粤剧大院
受 访 者：黄銮新
笔录及整理：区子珩

『业无高卑志当坚』
——黄銮新访谈录

黄銮新，广东番禺人，1941年出生，粤剧音乐员。

自幼喜欢演奏各类乐器，年轻时在中山、佛山等地粤剧团担任音乐员。1960年，以“流散艺人”的身份通过考试正式进入广州粤剧团当音乐员，先后担任三弦、色士风等多个乐器的演奏。

“文化大革命”期间，被下放到海珠区“五一”饭店，曾做楼面侍应、煮面工及收银员。后来被调到海珠区机电队担任机修工。在动荡的社会大环境下，他仍然坚持研习乐器演奏。

1978年正式调回广州粤剧团，先后在广州粤剧团、新世界、何济公等剧团工作，与陈笑风、卢启光、陈少棠、吕雁声、马丽明、许玉麟等一批主要演员合作，积累了丰富的演奏经验。

值得一提的是，除了剧团的经历外，黄銮新老师也尝试在不同类型的岗位上实践，轻歌队、曲艺团、曲艺茶座等都有他的足迹。一直以来，他始终没有放弃自己对音乐艺术追求的热情。

何　车：新哥，今天，我们是老朋友交谈，我们已经认识几十年了。

黄銮新：是啊，我是看着你入剧团的。

何　车：你是什么时候入行？

黄銮新：我从1950年就开始玩音乐，喜欢唱曲，最初在街道的文娱组。正式入行是在1957年，我的亲戚何丽芳[①]，我是跟着她出身的。

何　车：第一次是哪个戏班？

黄銮新：中山花锦绣剧团。

何　车：有哪些老倌？

黄銮新：有何丽芳和何丽芳的先生马扶风，马扶风做武生；小生是韦不凡，他是小生兼边[②]；正印花旦是陈飞燕；第二花旦是陈少芬。

何　车：你在剧团是做演员还是音乐？

黄銮新：学徒，也做过演员。

何　车：后来又为什么转做音乐？

黄銮新：首先，那时我长得太高了，四个手下之中，个个都矮我一个头，一出台，观众就哇哇声："哇，你睇那个高佬，好似文武生咁高。"

何　车：哈哈，就算穿了高靴也没有你高。

黄銮新：其次，我父亲同我讲，其他人也有同我讲过："做音乐师傅好。"他们的意思是音乐师傅年纪越大，技艺越成熟。

何　车：就像你现在这样。

黄銮新：那时我已经会玩音乐了，在文娱组时，就开始跟师父学了。师父叫孔荣，花名叫"辣椒仔"，是孔少宝的父亲。色士风我是跟别人学的。我一出来就同陈昌[③]做了，陈昌是从永

---

① 何丽芳是黄銮新的表姐。

② 粤剧行话，指粤剧中的丑生行当。

③ 陈昌（1939—1992），广州粤剧团乐师击乐设计和掌板。

光明剧团转过来的。那时大家都是十几岁，他为什么到花锦绣做呢？分厘好嘛，当时是“足圈”[①]夹“爆棚”[②]，即是钱分得足，分得多。

何　车：掌板是陈昌，头架是“辣椒仔”，你就“楼梯底”[③]

黄銮新：是啦，我是“楼梯底”，学徒嘛。

何　车：后来是怎样进入市剧团呢？

黄銮新：花锦绣剧团后来并入佛山粤剧院，1959年搞剧院化，当时佛山好多班，何丽芳去了佛山粤剧院三团，我就去了佛山粤剧院二团。当时佛山有三个分团：一个是东莞、一个是宝安，一个是三水。我去了二分团做了三个月，因为剧团经济效益差，我就调回佛山粤剧院。我在二分团已经转正做师傅，但是师傅的工资不多，十二天工资加上伙食费都只有三十多元。

何　车：十二天，我算你双倍计算，都有六十多元，相当于当时一个大学毕业生的工资啦。

黄銮新：陈昌的工资比马扶风还高，那时马扶风是正印武生，陈昌一天工资九元多，马扶风才八元多。所以证明当时是很重视音乐师傅的，二分团时我已经坐正三弦位[④]了，我最喜欢就是玩三弦了。

谭启昌[⑤]当时在“惠如”[⑥]后面的剧校学习，那时我十分辛

---

① 指按预期发足工资。

② 以前演戏需要搭建戏棚，棚内挤满观众就叫“爆棚”，指演出卖座，座无虚席。

③ 指剧团中一般音乐员，因他们在演出时往往分配在锣鼓楼的梯下面而得名。

④ 三弦，弦乐器族弹拨乐器，是粤剧伴奏中的主要乐器，这里指在乐队中演奏三弦。

⑤ 谭启昌，广州粤剧团演员

⑥ 原来位于广州中山五路的惠如楼，以经营广东传统风味的清茶细点为特色，是广州著名百年老字号，也是广州历史最悠久的茶楼之一。

苦，做音乐兼演员，随时派个“旗牌”[①]都要马上顶替演出。我不想做演员，领导就说：“那你去找人来顶替你啦。”于是我就找了谭启昌、徐力生、麦启林他们三个进了剧团，谭启昌到现在还记得我，前些时候有人问他是谁介绍他进剧团的。“高佬新呀！”他说。周围的同行都叫我“高佬新”。

当时我才十九岁，那时流行跳班，有人就劝我跳班。但如果私自离开剧团就等于“逃避革命”。于是我找到剧院“人保科”，我说：“科长，我还年轻，在剧团没有什么前途啦。”结果剧团就开了证明，还盖了个大印：“黄銮新因不适合我院工作，加上本人愿意离开，特此批准。”

不久，机会就来了，就像你一样，有很多机会（笑）。文化系统刚刚省市分家，华嘉原是省文化局副局长，到广州市就做正局长。他把没有进省市剧团的艺人或者一些艺术尖子，那时就叫“流散艺人”[②]，请去登记并安排参加工作。

何　车：应该是在1960年吧，是1960年五六月份开始搞的，当时还要经过考试的。

黄銮新：是要考试的。我最记得当时还有骆锦荷[③]、白玉童[④]，都是考进来的。音乐师傅中最年轻就是我了。当时主考是骆臻、胡富、刘五峰[⑤]。为什么要考我们呢，因为我们是“流散艺人”，人家不知道我们的水平如何。三个主考在太平戏院外面进行考试。当时有人和我说：“细路，有的青年演员也来考试，你为他们伴奏啦。”

考完试后骆臻对我说：“你的技艺还差一点点。”他说：

---

① 传统戏中的群角。

② 指20世纪五六十年代没有进入国营剧团，没有固定单位的艺员。

③ 骆锦荷，广州粤剧团演员。

④ 白玉童，广州粤剧团演员。

⑤ 骆臻，广州粤剧团著名乐师。胡富，广州粤剧团乐师。刘五峰，广州粤剧团乐师。

"演粤剧不同唱曲艺，粤剧要识听锣鼓才可以。"他们三个人又叫我到太平戏院舞台音乐位，找了个木鱼，还有个"沙的"[①]。"我讲什么锣鼓，你就接着起什么音乐。"这样的考试难度是比较高的，因为我不知道他打什么锣鼓，一开始是"排朝"[②]，还要你起音乐序，还要唱上下句[③]。接着就考乐器快慢的速度节奏，打快慢板[④]锣鼓，我要唱脚色[⑤]腔两句，包括上下句，花旦腔也是上下句，还要弹三弦伴奏。考试结果三个老师都很满意。

何　车：你在外面实践过，对付这些就好办啦。

黄銮新：考完之后，就轮到那些年纪大的考了。击乐当时就考了梁福仔、"打锣牛"几个人，光考一个"雁儿落"，好多人都过不了关。锣鼓打完快之后又变慢，好多人都达不到要求。演戏的锣鼓要掌握快和慢，考音乐也是一样，什么都要考，有色士风，有喉管[⑥]，有很多年纪大的就过不了关。那次演员和音乐员加起来一共考了四十多人。有的你都认识，牛奶仔、任伟民、白玉童、江少昌、何若琪、林雪心[⑦]等。

考完试我就等候通知了，别人都去报到了，但我就是收不到录取通知，我感到不对，就到"舞台工厂"[⑧]查询，骆臻刚好踩单车出来，"喂，到处找你啊，为什么你不来报到呀？"（因为当时有人嫌弃工资低，没有去报到的）"来，你立即同我上去总

① 打击乐器，沙鼓的别称，因其形状似和尚头，所以行内都称之为"和尚头"。

② 粤剧表演排场，表现的是朝臣排班上朝的场面，文中指的是模拟演奏"排朝"的锣鼓伴奏。

③ 板腔体唱词的结构形式，在音乐上是以平衡对称的两个乐句构成。

④ 粤剧唱腔中的板式。

⑤ 粤剧行话，指剧中男角色。

⑥ 吹奏乐器，又叫"短管""短喉管"，俗称"六寸半"，是粤剧音乐中较古老的伴奏乐器。

⑦ 林雪心，广州粤剧团演员。

⑧ 20世纪50年代建立，是广州粤剧团的下属单位，制作舞台、画景、装置的部门。

团[1]。”我随他到了人保科，他们说：“你过两日再来，看分配你去哪个团吧。”那我心头石放下来了，下来见到臻叔说：“搞掂啦！”结果我就分配到越秀剧团，顶替柯良津[2]，柯良津原是玩三弦，正准备调去青年剧团。我去接替他的位置，就同周天相、黄仁初、罗杰雄、细路泉[3]、关洪[4]他们拍档了，潘文华做掌板。

何　车：关洪后来也调去青年剧团啦。

黄銮新：有三个月的试用期，三个月之后才转正。越秀剧团那班人水平很高，主要演员是邓丹平、马丽明、郑培英、白玉珊、陈江枫。剧团的小生本来是崔子超[5]和王超峰[6]，但王超峰要去香港，崔子超又病了，剧团就没有小生了，后来由陈家强[7]顶替。

那时做音乐，我肯定比不上那些老师傅。做了一年，到1961年我就去了沙村农场。那时人人都是口不对心，谁心里也不想去农场劳动，但是开会时就个个都争取去。那时我最年轻，经过讨论，最后还是要我去。只是轮流去半年，关新他们是第一批。我准备去替他，是第二批。那年冬天就见到你们了。

何　车：我们学员队是9月份到沙村的。

黄銮新：我那时穿一件唐装衫，戴一顶草帽，每天去训练场帮你们倒尿，担返去农场用来做肥料。那时你的同学好多，陈国祥、赵仕强、孔庆炎[8]等。

---

① 广州粤剧团有多个分团，由统一团部领导，简称“总团”。

② 柯良津，广州粤剧团乐师。

③ 细路泉，广州粤剧团乐师黄少泉的绰号。

④ 关洪，广州粤剧团乐师。

⑤ 崔子超（1913—1987），粤剧演员，擅长演文武生，先后担任原广州粤剧团培训班负责人、艺术室副主任。

⑥ 王超峰，广州粤剧团演员，后赴美国发展。

⑦ 陈家强，广州粤剧团演员。

⑧ 陈国祥，广州粤剧团演员。赵仕强、孔庆炎，广州粤剧团音乐员。

1961年，省市分家，罗家宝、吕玉郎、陈笑风三个文武生都希望来市剧团，因为当时市团演出多。后来是陈笑风来了，大概在1961年10月左右，当时我正回剧团报到。

何　车：我们是12月回广州的。

黄銮新：你们搞了汇报演出，我都还记得。12月去人保科听候分配，我原来在越秀剧团，当时市二团就是由越秀剧团转过来的。演员就是陈绮绮那批人了。主要演员有白玉珊、陈笑风，还有练玲珠、罗思①，后来陈瑞芳②也过来了，她原是五羊剧团的，又年轻又漂亮，虽然那时她的唱功差点，但她可以演妹仔戏。

到1965年10月左右，你们那时应该去搞"四清"运动了。

何　车：不是，当时我去了《东方红》③。

黄銮新："四清"运动时我们到桂花岗集训，就要搞掉"名利"两个字。要求我们自己"暴露"自己有什么不对的思想，有什么和"名利"沾边的思想，讲出来就自己批判，提高认识。讲完之后就集中拉出去演出，那时我还年轻，要我玩头架，那是我第一次玩头架。当时演出条件十分差，在黄埔大沙地的球场上演出，乐队成员有我、郑道生、邓志明④，邓志明有时还要搞伙食，就只得我和郑道生玩。一个演出队分成两个队，一共30多人，老倌有孔壮志、颜铁英、梁金城、罗敏宁、罗丽燕、林丽心、林丽蓉、李学优、卢伟棠⑤等，那时提倡学习"十三条扁担"⑥拉箱，只能用胶轮车推，又要拉箱又要演出，十分辛苦。

何　车：那时候要做"革命文艺战士"嘛。顺着再讲下去应

---

① 罗思（1921—2007），原名罗冠廉，广州粤剧团丑生。

② 陈瑞芳，广州粤剧团演员。

③ 指1965年在广东演出的音乐舞蹈史诗《东方红》。

④ 邓志明（1928—2013），广州粤剧团音乐员。

⑤ 孔壮志、颜铁英、梁金城、罗敏宁、罗丽燕、林丽心、林丽蓉、李学优、卢伟棠，广州粤剧团演员。

⑥ 20世纪中期，号召文艺上山下乡，时有乡村宣传队总共才十三人，用扁担挑着道具、服装下乡演出。

该是“文化大革命”了。

黄銮新：“文化大革命”的时候，全部要停下来搞运动，所以我们只是做了半年，这等于救了我们了。

何　车：“文化大革命”期间我们就有缘了，同在一间“干校”①，到1970年7月1日，我最记得这个日子了，“一打三反”②后，当时美其名曰是“在‘文化大革命’涌现出来的优秀骨干分子，补充到财贸队中去”。我去了成珠茶楼，你就去五一饭店。

黄銮新：五一饭店是当时河南工业区不可缺少的饭店，在海珠区沙园，对面就是广重、广钢③。

何　车：那是很看得起你了。

黄銮新：不是那么回事。那时自己都不想再做戏了，只想转业。但是不知道会转去做饭店工人。我同青年剧团的灯光师梁洪被派去做楼面，郭超然④就去了对面那间百货商店。那时很多学生想逃避“知青下乡”⑤，女仔都嫁到附近庄头村，那里属农村户口，他们一天劳动就只有一两个钟头休息，出来食六分钱一碗的糖水。当时连九分钱一碗的云吞面都好少有得供应，讲心里话，就算逐个问都有人喜欢去饭店啦。虽然我是带着原来薪水去，但我在饭店却算是高工资了，每月有六十二元。但我妈说这样下去是不行的，她说别人都把我们看成是“反动路线”的代表，每次相睇（相亲），那些女仔都看不上你；做楼面工人，又没有技术，还要让别人颐指气使。

何　车：（学顾客呼唤）“高佬，埋嚟！哈哈。”那当时你

---

① 特指“文化大革命”中按照毛泽东的“五七”指示精神建立起来的，接收干部和知识分子劳动改造的农场，亦称“五七”干校。

② “文化大革命”期间在全国掀起的一场政治运动，其内容包括打击反革命破坏活动、反对贪污盗窃、反对投机倒把和反对铺张浪费。

③ 广州钢铁厂，原址在广州市海珠区沙园工业区。

④ 郭超然，广州粤剧团舞台工作人员。

⑤ “文化大革命”期间，动员已毕业的中学生下乡接受贫下中农再教育，名为“知识青年上山下乡运动”。

是怎样想的，对未来又有什么打算呢？

黄銮新：后来五一饭店将第十甫路南顺糖水铺那位经理调了过去，她叫伍海萍。她原来就认识我的，她很同情我，想照顾我，就对领导说："明知这样的政策、措施是没有的，调这些人来有什么用？"之后就调我到饭店门口摆档，每天五点半钟就要准时上班，"广钢"的工人经常来帮衬。主要卖肠粉，是用机器拉的，落很少油，六分钱一碟，好多人都喜欢食的。

后来觉得还是不行。每天凌晨三点半，阿妈就叫我起来，当时我住在文昌南路，骑单车到河南五一饭店，最快都要半个钟头，翻风落雨就更狼狈了，工时又长，太辛苦了。伍海萍非常体谅我，她说："这样吧，你去卖面那里做吧，那里不用太早起床。"又调我去卖面了，当时只有四个品种，五分钱一两面、九分钱二两面，一角二分就加四粒云吞，一角七分就是大云吞面了。

何　车：没有净云吞呀？

黄銮新：哪里有呀，就为了一碗云吞面我曾经同人拍枱吵架，后来又试过叫我去收钱，那时不单收钱，还要收粮票。收钱、收粮票还要卖面票，好踢脚①。我试过一两次计错数，差了几十元钱。

何　车：哪有几十元这么多啊，差几元都好厉害了。

黄銮新：我计数时把五毫写成五元，搞到鸡毛鸭血②，伍海萍好关照我："唉，不要再计了，封起来，明天再计啦。"我是中午十一点上班，一直做到食晚饭的时候，八点半钟就"拉锯"③，不过收钱时可以穿中山装、戴着袖套，干干净净，比较

① 原是饮食行业背语，原意是一个人走路，脚被障碍物绊到了，这里是忙得不可开交的意思。

② 广府俗语，指的是宰杀鸡、鸭的时候一片狼藉的情况，意指损失惨重。

③ 原是饮食行业背语。人们使用锯切割东西的时候，必须来回拉扯，"扯"在粤语中是离开、走的意思，这里指下班离开。

体面，算是照顾我了。

还是要讲我妈的“反动路线”，她怕我娶不到老婆，那时我已经三十岁了。好多女孩都嘲笑我，几十岁都找不到老婆。于是我去到服务局上访找刘伦[①]，申请做机修工。当时社会做机修工人十分吃香啊，肯定能找到老婆。

何　车：做楼面就搵唔到啦，哈哈！

黄銮新：后来通过好多关系去疏通，最后就连五一饭店的书记都知道我准备要调走，一纸调令到来，就将我黄銮新调到海珠机电队。

何　车：你哪里懂得做机修啊。

黄銮新：做电工，不懂是会电死人的。不过我只是做点基本工作，例如换条保险丝。师傅叫你先关制，用电笔点过，见到无火到就可以换啦。风扇抹油我就做下手，师傅拆，我去洗，就是专门做杂工。

何　车：你之前在五一饭店时，我很明白你的心态，那时最高兴的是，脱产参加文艺宣传队。那时很重视宣传队，宣传队一到基层调人就马上不用干活了，即刻去宣传队报到，宣传队就是排戏演戏。

黄銮新：那时我参加过海珠区宣传队，和凌广鸿、冯丽萍、何紫霜[②]等在一起。当时对何紫霜算是很照顾了，让她去了托儿所做所长，演样板戏《沙家浜》时，她演“沙奶奶”。第一次抽调我去宣传队是1973年，同李建雄、郎海山、沈伟[③]一起。当时我在机修厂有得食，有得报销，又够威风，下面基层单位都有求于我们。我是一心想找对象，抽调我去宣传队就更困难了，我真

---

① 刘伦，20世纪70年代广州市服务局局长。

② 凌广鸿，原广东木偶剧团演员。冯丽萍，广州粤剧团演员。何紫霜，广东音乐曲艺团演员。

③ 沈伟（1924—2009），乐师，擅长演奏高胡，广州粤剧团唱腔设计、音乐技术培训班教师。

的不想去。后来黄超全[①]叫我去服务局谈话，由于潘长玲[②]要离开宣传队，没有了头架，所以要我去顶替他。那时演出《节日前夜》，由洪志刚[③]做文武生，何锦泉[④]做掌板。到1978年就同你一起回调市剧团啦。当时的说法是“原则上归队”。

何　车：到要回调的时候，你还是做机电、做工人吗？那时我还年轻，心想落实政策肯定要我们回去的，你那时到底想不想回调呢？

黄銮新：第一次是不想回去的。主要是思想上有阴影，知道在剧团也不是很好过。白玉童对我讲，剧团要去参加劳动，排戏又排到鸡毛鸭血。我不想再玩音乐了。当时我的工作也比较顺利，一般只是维修风扇，换保险丝。那年我已经三十七岁，也结了婚，有了小孩。但想到一世做电工，是很危险的，很多工人不是电死就是跌死，一触电跌下来就没得救了。这样的事故我听得多了。于是我没有同老婆商量，就决定回剧团，另外是想组织上能够分房，因为我知道当时市剧团在建房，如果在机修厂，论资历、能力，什么时候才能轮到我呀，这就是我回调市剧团的原因了。

何　车：回来后分配到哪个团？

黄銮新：是三团，当时我也是三团的组班人之一。那时是由关新[⑤]当领导，还有舒瑞良、赖嘉梅[⑥]。有人建议我到二团和陈笑风合作，当时陈锡培染上肺病，不想再吹色士风，就要“打锣

---

① 黄超全，20世纪70年代广州市服务局工会主席，负责组建文艺宣传队。

② 潘长玲，广东音乐曲艺团乐师。

③ 洪志刚，广州粤剧团演员。

④ 何锦泉（1930—1997），粤剧演员、粤剧研究评论工作者。先后在广东粤剧团、广州粤剧团担任主要演员，后在广州市文学艺术创作研究院负责粤剧研究工作。

⑤ 关新（1931—2010），广州粤剧团音乐员，后任干部。

⑥ 舒瑞良、赖嘉梅，广州粤剧团政治干部。

牛”想办法，当时三团懂得吹色士风的有胡永棠[①]、胡富和我三个人。我走了，还有他们两个，不会影响工作。

在三团的时候，吕雁声、陈少棠为了排名，大家都搞到不愉快。陈少棠说：“我在戏中戴束发冠，是文武生。”关新就帮着吕雁声说话，他说吕雁声一直都是文武生，陈少棠只是在朝阳剧团做过文武生，而吕雁声从百花剧团开始一直都是文武生……为这些名利上的事经常争拗不下，我想到三团始终都是不会长久了，就在《劈陵救母》排到一半的时候走了。

何　车：那你就在二团做到退休啦？

黄銮新：我的经历都好坎坷，在二团排戏时为红线女伴奏，排了个几月，准备出国演出了。那次出国音乐员的人数最多，连黎田都属于乐队的编制，算是秘书。乐队一共有四个击乐，十个音乐员，算上黎田总共十一人。但我有机会排练，没机会出国，肯定会想不通啦。那时去香港演出，政策规定可以带回一件免税的家电，再多带一件要打税，很多人都把免税家电卖出去赚钱。

后来文卓凡[②]又挑头重新组班，他到我屋企三次，他说：“大哥好中意你，大家合作惯了，你吹色士风兼要玩三弦。”我说：“那怎样兼呀？”他说：“色士风是分上下半场。”当时我心中就不服气，对文卓凡讲：“不如你让别人吹色士风，我只玩三弦吧。”他说不成，总之要我吹色士风又要玩三弦，结果最后就是谈不拢，后来就拉了我到四团，就是卢启光、陈少棠那班了，还有马丽明、陈路诗、李飞龙、陈江枫等主要演员，做到1982年春节前就解散了，是总团要他们解散的。

我一直待岗到1983年夏天，1982年朱紫瑜、孔少宝、伍志文[③]开始搞云雀轻歌队，歌队那时是很吃香的。1983年，张广谋做总团副团长，搞了班金雀轻歌队，我、王新、冯志明、唐平、

---

① 胡永棠，广州粤剧团乐师。

② 文卓凡，广州粤剧团乐师，擅长演奏高胡和小提琴。

③ 伍志文，广州粤剧团音乐员。

周志军[①]两夫妻都参加了。

何　车：你曾经做过歌队吗？

黄銮新：最初去到真不适应，没有F调吹，都是降E、降A调，心里没有底，我们只是“柬埔寨”[②]，不懂五线谱。第一支曲是演奏《玫瑰花》，降E转F，我完全不懂，我曾说过，我有两个师父，一个是在音乐方面教我吹色士风的细路泉，另一个是王新，在歌队时，我有什么不懂就问他，他教了我好多音乐知识，这个老师我永远都记得他。歌队的基本工资是每晚三十元，多的时候可以有一百多元，那时收入算很高了。

在1984年底，纪念靓少佳逝世一周年时，重组新世界剧团，我是六个筹委之一。我开玩笑说：“自己相当于副团长。”我们在文化公园中心台演了三晚，三晚都演《六国大封相》。香港也有好多人到来，我和何家耀两个就是管财务，郭碧[③]就兼会计。要我签名才可以报销的。

何　车：那时你是玩什么乐器呀？

黄銮新：先是吹色士风，后来就是头架，一生中第二次玩头架。当时还有卜石根和黎平[④]，后来黎平和郭碧闹矛盾，他就离开了，只剩下我一个人了。

何　车：在新世界剧团你做到什么时候？

黄銮新：做了一年多。当时洪志刚拉了郎秀云、刘晓珠、张德明等加入新世界剧团，以加强实力，但卢启光又叫另一批人加入，那开支就加大了。大家办团观点不同产生矛盾，总团通知我和林钧去开会，想了解到底是什么问题，有什么矛盾，卢启光一说就说了半个钟头，我就表述自己的观点。由于当时双方没法调

① 周志军，广州粤剧团音乐员。

② 原指东南亚国家，因为“柬埔”在粤语发音中与“简谱”相近，故“柬埔寨”指的是一些只懂看简谱、不懂看五线谱的音乐员。

③ 郭碧，广州粤剧团乐师。后移居香港。

④ 黎平，广州粤剧团乐师。

和矛盾，那我就只好离开了。

1986年我通过李丹红[①]介绍，到曲艺团做了半年，为曲艺伴奏。那时除了头架，什么乐器都兼了。

1987年，我在何济公剧团第三次做头架，演员有郎秀云、许玉麟、张德明等，是梁国雄介绍我去的。剧团光是为演员的排名都要搞平衡。许玉麟是正团长，郎秀云是副团长，但演出海报排名郎秀云就要排在前面，下乡演出时，海报上写“郎秀云、许玉麟，何济公粤剧团”，怎知票卖不出去，原来观众以为许玉麟是加顶到何济公剧团。后来海报改为“广州粤剧团何济公粤剧团”，演出马上爆满，还有人包场。那时何济公制药厂一年赞助四万元，是副市长陈绮绮拍板的。

后来总团何杰章团长决定解散剧团，全部人就无事可干了。到1989年春节前，钟康祺组建宝乐剧团，叫我去打扬琴，我说我懂很多乐器，最弱就是扬琴。但反正无事可做，也就答应了。剧团是由郭英伟、钟康祺负责。黄正成[②]同我两个人玩三弦，这样一做就做了几年。

后来彭炽权[③]在澳门那边的乐社差个人，把我叫过去了每月工资有六千五百元（港币），包吃包住，再后来又转到澳门敦煌酒店做。去澳门工作应该做了五年左右，那时我已经五十多岁了，每晚九点到凌晨两点，食得好，但工作累，休息不好。到了1999年，就患上了高血糖。2001年回来，就在黄家超的乐社做茶座音乐，又做了五年。可能是我好运啦，有个老板包我去法国、比利时、荷兰，去了10多天。不是去玩，而是卖艺为生。

何　车：我知道你一生中有好多花名。

黄銮新：在转业那间厂，工友们叫我“音佬”，即是玩音乐的意思，他们不叫我的名字，也不叫我高佬新。

---

① 李丹红，广东音乐曲艺团演员。后移居澳大利亚。

② 黄正成，广州粤剧团乐师。

③ 彭炽权，著名粤剧演员。

何　车：据我所知，你玩过很多乐器，你认为哪一样才是你最擅长的呢？

黄銮新：当然是三弦啦，现在市剧团能够玩三弦就只剩两个人，就是我和黄正成，是经过香港行家鉴定的，他们是承认我的。

何　车：我认识你几十年，你不打麻将、不饮酒、不抽烟，又没有什么绯闻，只是好玩音乐，在"文化大革命"期间，每到星期六、星期日就去金声电影院对面开局，你为什么会这样专一呢？

黄銮新：我们四个人玩音乐已经玩到人尽皆知了，邝斌、廖重光、汤仔[1]、我，当时人们誉我们为"西关四大天王"。我的弱点就是搞创作不太成功，最叻写过一首《塘湖秋月》，可惜电台没有和我录音。

何　车：人生几十年的经历十分丰富，你的人生经历也十分有趣。音乐伴奏拍档过很多演员，我想问，同老倌之间合作有什么轶事趣闻？

黄銮新演奏小提琴

黄銮新：罗家宝1978年底重新出山，我在街上碰到他。在1978年至1979年间都是我给他伴奏，他在家里练唱，所以我有很多他的录音，都是私下录的。那时他住在十八甫，就是我和黄仁初以及他的女儿（黄少凤），加上陈昌帮罗家宝伴奏练唱。当时只有一个高胡、一个掌板，就可以录音了。《悼金钏》

① 汤仔，原名汤志明，1962年时担任荔湾区百灵曲艺社头架。

伴奏的难度较大，一个高胡，什么都要记清楚。陈昌曾对我讲："阿虾话预埋你呀。"最后结果都没有这回事，因为粤剧院一团有自己的乐队，他们个个都有很高的水平，所以就不用找我。新世界剧团解散后，我说："虾哥，我没有工作了，可不可以到粤剧院呢？"剧院那时已经开始排练《袁崇焕》了，阿虾话："好难喔，两支色士风都齐人，什么位置都满员了。"其实我只是想找工作做。侯穗光、黄建涛对红线女说："差几个人，找高佬新啦。"红线女不出声，不说可以也不说不可以。侯穗光后来还讲了两次，最后都没有结果。

何　车：还有一个问题想问你的，你与那么多名演员合作，"细路锦"同大哥风是两种完全不同的演唱风格，包括发声、板腔的处理都完全不同。花旦也一样，在二团的时候，陈绮绮和练玲珠又是完全不同的，你作为音乐伴奏，与他们合作你有什么体会？

黄銮新：那我要讲的就太多了，在春风剧团的时候，刘棠、文九、郑厚[①]都在，我在艺术上当然吸收学习了很多，我要赞陈笑风，排戏、录音，对待每一件艺术作品，没有虚假，十分认真。1962年、1963年粮食和副食品供应都十分紧张，郑厚吹色士风导致胃撑不住，就要先食个馒头才能继续。我们说笑："大哥不知道是不是食了两斤早餐才来排练的。"大哥排戏、录音过程不用吃东西，一直坚持下去。经常排到晚上十二点半，文少非导演排戏就较好，一到十二点就准时下班。但陈笑风就保证会超时，我们要搭车回家的就手忙脚乱了。陈笑风录《双桥烟雨》，最初时是短版，后来再录长版，四句诗白，都要精益求精。《六号门》也是，在戏中突破了传统的唱法，运用真假嗓结合，达到了高峰。

何　车：今天采访的时间虽然不长，但我听了很多过去的历史，内容十分丰富。通过你个人的经历可以看到整个市剧团从20世纪50年代末到现在整个发展的轨迹。多谢你，新哥！

---

① 郑厚、文九、刘棠当时是春风剧团乐师。

访谈感悟

非常荣幸能够参与这次访谈工作，黄銮新老师曲折多彩的人生经历，给我留下了非常深刻的印象。从他的工作和生活际遇中，我们不仅看到从新中国成立至今粤剧团体制改革、演变及发展的基本脉络，同时也得以回顾在“文化大革命”那一段动荡的年代里，粤剧行内的人和事，意义深远。

黄銮新老师把自己的兴趣与工作结合起来，作为一名粤剧音乐伴奏员，尽管在人生的道路上有很多坎坷的遭遇，但是他始终坚守在粤剧艺术生产的第一线，对音乐艺术不离不弃，我认为这种钟爱之情决定了他的人生轨迹和艺术成就。

人生注定会有很多不如意的事情，我相信还有很多粤剧艺术工作者都与黄銮新老师有着相似的经历，他们虽然在逆境中、在挫折中艰难前行，却始终没有放弃对粤剧艺术的热爱和追求，这无疑值得我们新一代年轻的文化工作者好好借鉴和学习。

访谈过程中，黄銮新老师使用了很多有趣的戏班行话、背语、术语，文中均做了诠释，希望能帮助读者更好地理解和认识访谈中的内容。

区子珩

访谈时间：2014年7月15日
访谈地点：广州粤剧大院
采 访 者：张福伟
笔录及整理：邓嘉焕

『洗尽鸳江效兰陵』

——张福伟访谈录

张福伟，广东南海人，原广西梧州粤剧团副团长。自1958年开始参加粤剧工作至退休。师承著名粤剧“二花面”演员易日洪，擅长花面、武生表演，兼任老师工作。曾导演《九宝莲》《双结缘》等粤剧传统剧目，2007年、2008年，多次应广州粤艺发展中心邀请，抢救拍录《西篷击掌》《狄青怒斩黄天化》等粤剧传统戏。

张福伟老师除了在表演上有较高造诣外，对粤剧面谱也坚持收集整理，并亲手绘制两百多个面谱，结集出版《粤剧脸谱谱式选集》。

何　车：福伟兄，叫你福伟兄好啦，师兄弟，不要叫团长这么陌生啦（大笑）。十分感谢你从广西这么远来到广州参加我们的访谈录，这是粤剧艺人的访谈，所以不仅限广州或者某个地方，可以包括香港，广西等等，我们希望通过你的口述、你的回忆，将粤剧艺术的历史还原。

我想先问你，很多人都不知道，你原来是哪里人呢？

张福伟：我是广东南海西樵人。

何　车：怎么会去梧州做戏呢？

张福伟：我小时候就跟了姑妈，我姑妈在梧州，姑妈就相当于我“妈”了，我就这样上了梧州。

何　车：噢，可能是小时候姐妹多，或者生活艰难，所以就跟了姑妈，是吧？

张福伟：是啊！

何　车：那为什么在梧州不读书而去做戏呢？

张福伟：哎，那时候生活确实很困难，我未出生父亲就跑了，母亲带着我们两兄弟不能谋生，我就上梧州跟了姑妈。新中国成立后，我母亲回东莞改嫁，只能带我大哥去，就让姑妈养我。

何　车：就这样分开两地了！

张福伟：嗯，分开了。新中国成立以后，我姑妈没有找到工作，就让我赶快找工作。1958年，梧州粤剧团来招收学员，我就去报名了。

何　车：当时十三岁？

张福伟：十二岁。

何　车：当时梧州剧团招的学员是哪一批人啊？

张福伟：是这样的，那时候是叫梧州实践粤剧团，在广西附设一所艺术学校，在两广来说，是培育青年粤剧演员比较早的一个剧团，我就考进去参加学习班。

何　车：1958年已经有那所艺术学校了？

张福伟：嗯，有了，叫“附设艺术学校”。

何　车：其实就是同广东粤剧学校同期？

张福伟：是啊。

何　车：粤剧学校最初叫“广州老艺人粤剧团”附设少年演员训练班，后来就转为粤剧学校，就像你们那样。

张福伟：是啊，我们同你们那个培训班是同一个时期，同一年的。

何　车：我们是5月入学。

张福伟：我是1958年9月7日入学那一批。最早一批1953年开始，培养了潘楚华[①]，1956年，到陈小珠、李汉铭[②]那一批，到1958年，就正式办了一所艺术学校，直到1966年“文化大革命”就没有再招学员了。

何　车：那就是十多年来梧州剧团一直在培养青年，没有间断过？

张福伟：没有间断过！

何　车：对于整体的粤剧发展是有利的，包括广西也好，梧州也好。我知道你的老师也过来广东在粤剧学校讲课，包括“青训班”[③]的时候也有来讲课。

张福伟：我师父是粤剧著名的花面演员易日洪，刚才你说我们是师兄弟，有一次彭炽权也说我和他是师兄弟。原来我师父受马师曾的邀请，受广东省粤剧院、青年团的邀请，来广州教《王彦章撑渡》。

何　车：我记得我们那时候是没有专门拜师的，都是集体老师，树叔、英叔[④]都教过我们，你们那时候有没有拜师的？

张福伟：情况是这样的，当时我们只有一个老师，就是易日洪老师，所以人人都叫他师父。他要求都很严格，要求我们早上

---

① 潘楚华，广西著名粤剧花旦，代表作有《女驸马》。

② 陈小珠、李汉铭，原广西梧州粤剧团主要演员。

③ 指“广东粤剧院青年训练班”。

④ 树叔，打锣师傅罗家树，当时粤剧学校老师。英叔，演员靓少英，当时粤剧学校老师。

走圆台、踢腿[①]，拿着藤条来督促我们，而且他对我特别偏爱，因为我是学花面的，他觉得挺好。白天他严格要求我们，晚上都要我去他家里开小灶，教我"比武排场"[②]。

何　车：口传心授？

张福伟：是啊，师父口传心授。他讲一句，我也跟着讲一句。那些古老的舞台官话，到现在还清清楚楚记在脑里。

他教我三套启蒙戏，第一个是《芦花荡》中的张飞，第二个是《西河会》的郭崇安，第三个是《西篷击掌》中的王允。这三个启蒙戏对我日后成为花面、武生起了决定性的作用。

何　车：打了很好的基础，对吧？你有没有看过你老师易日洪演戏？

张福伟：看过，他做花面，当时他的把子功很好，南派把子，南拳套路，很见功底的，他跟老叔父一起排练《方世玉》，还亲自演戏。

何　车：那时候他在梧州还做戏？

张福伟：嗯，还做戏。担任我们的老师兼演员。白天教我们，晚上做戏，基本上是这样。

何　车：我知道易日洪做二花面，又挂须，我想问，他懂这么多武行的东西，他会打跟斗吗？

张福伟：打跟斗啊，我实事求是地说，听讲他会，但是我没见过。

何　车：哈哈哈！你见他的时候，他已经几十岁了。哈哈！

张福伟：他原是广州八和会馆[③]的学生，着"红裤子"[④]"打

① 表演排场，源于传统粤剧《狄青怒斩黄天化》，表现狄青与黄天化在校场比武的剧情，后凡是比武、对打的情节均会运用此排场。

② 基础训练项目，用于加强下肢力量，可分为正腿、横腿、十字腿、跨腿等多种类型。

③ 清末光绪年间成立的粤剧艺人行会组织。

④ 字面意思是穿着红裤子，此处指那些自小就在童子班或在师父专门教导下学戏的少年儿童。

箩柚”[①]出身的，所以他的功底比较扎实，但是后来广东流行靓仔靓女戏，他在广东混不好，就回广西，因为广西的戏还有花面、武生。

何　车：我想问我们的易老师除了教你排戏之外，是否整个梧州剧团都是他教的？

张福伟： 是啊，很多人都叫他师父，教了几代人。

何　车：我想知道他的教学方法是怎样的。我见到那些叔父教人是坐直身，板着脸，很严肃，否则学徒是不会怕的。

张福伟：他实际上也很严肃，很少开玩笑的。但是他教我们演粤剧花面，现在应该要传承下去，比如说粤剧中的花面是“虎爪”[②]的，现在的花面就学京剧的，手举过头就算了。两者功架是不同的。

他深入浅出地教我们，例如粤剧面谱，他举张飞为例，他说张飞这个人脾气很火爆的，所以在他的额头上要画一把火。他塑造的张飞与粤剧传统的那个张飞有一点差异，有个面牌在额头的。这是我师父对这个角色的理解，他认为要画一把火在额头。另外，他说黑脸没有坏人，白脸没有好人，红色代表忠义。他将这些都教给我们。

我在退休后，画了两百多个粤剧面谱，写了四万多字的粤剧介绍和粤剧面谱的分析，这些与我的师父对我的教育与栽培是分不开的。

何　车：听你这么说，其实在20世纪50年代末期能够这样教学的很少。我们学的时候，叔父就给个面谱，叫我们按照这样画，但是没有讲为什么要这样画。在那时候，易老师这种教学方法相对来说应该是比较先进的。我想插问一句，你说的那个张飞是戴牙刷须还是扎[③]的？

---

① 即“打屁股”，以前戏班练功老师对徒弟进行体罚的手段。

② 粤剧二花面基本表演手形，形似老虎爪。

③ 须口的一种，整口须成片形，但中间开口，露出嘴巴。

张福伟：他那口须这么短的，他就这样刷。（一边用手比划）

何　车：噢噢，是最传统那种，不是京剧用的那种扎。

张福伟：还有“卸膊”[1]，有时候天寒地冻，他的儿子易锦荣做周瑜，我做张飞，我们两个年纪都很小，照样“卸膊”，真的很冷，我们都是这样练。粤剧传统戏有很多表演排场，例如“吐真血”“胜者入场”“败者上场”，很多表演程式都在这套戏里。

何　车：我记得有一段轶事，不知道你是否记得，我暂时忘记了名字，你们梧州剧团有一位既写曲又写戏的叔父，现在已经不在了，和你老师是好朋友。他们互相写信，询问对方死了没有，哈哈！

张福伟：哈哈！那个是老编剧黎元芬。

何　车：是啊！这段子很好笑啊，结果后来黎元芬先离世了，易日洪就说：“你叫我先死，但是你这么快就死了。哈哈哈！”有没有这件事啊？

张福伟：有啊！那时候的老艺人很风趣，很幽默的，互相之间都会开玩笑，我师父能够正确对待生死问题，有哪一个人不会死的。

何　车：所以这段事我是印象比较深刻的，他们互相调侃对方还没死，还说他“这么快就走了，不等他”，搞到满场人不知道是该哭还是笑。

我们两个都是叔父了，我跟洪叔没什么交集，我也没有跟他学过东西，他去粤剧学校的时候，我已经去青年剧团了。我觉得一个人对待生死，对待生命能够达到这种境界，自然在艺术上就“通”了，俗话叫“睇得化”。生活和艺术是同一个道理，两个要有所交集。我觉得你有一样东西，没有学到你师父的。

张福伟：哪一样呢？

[1] 指演员在演出中把戏服一边的袖子卸下来，露出肩膀，以展示角色勇猛刚烈的形象。

何　车：我听说而已的啊，你做花面很威风啊，但是你在生活中怕黑啊。哈哈哈！你怎么会怕黑的呢？我搞不明白。你这么大的个头！

张福伟：哈哈！因为我小时候跟我姑妈生活，姑妈睡房间，我就睡在客厅，那些麻将友晚上打完麻将就讲“鬼古”，我也在听，听完他们就走了，吓到我整晚都睡不着了，我是吓大的。哈哈！

何　车：（大笑）所以你就是好命，肯定要有人陪才行，没人陪就睡不着了。我就奇怪了，福伟兄做花面会怕黑。以前有红船的时候，最重要那个“太子位”①要找二花面住。

张福伟：那时候“破台”②都是我去的。

何　车：就是咯。妖怪神鬼见到你都会走啊！

张福伟：那些我又不怕啊，哈哈哈！

何　车：哈哈！所以人是由很多矛盾组成的，我做梦也猜不到福伟兄会怕黑。（继续笑）你做二花面，得益于易日洪老师，你们怎么称呼他呢？

张福伟：叫他“洪叔”。

何　车：阿彭③在粤剧学校第一个戏就是排《王彦章撑渡》。

张福伟：文武生都学《王彦章撑渡》？

何　车：他以前学花面，打跟斗的。洪叔教完你之后，你还有哪位老师呢？

张福伟：在我的成长过程中，除了易日洪老师这个“开山师父”④之外，第二个老师是老团长黎侠峰，就是黎奕强⑤的爸爸。

何　车：听说他也是做戏的？

---

① 红船上其中一个铺位的称谓。

② 传统例戏，以前在农村搭棚演戏，必须先“破台”，才能开锣鼓演戏，这是一种驱妖祛邪的仪式。

③ 阿彭，粤剧演员彭炽权。

④ 指第一个师父，引入行的第一人。此语指师父从最基本的动作“开山”教起。

⑤ 黎奕强，历任广州市文研所所长、广州粤剧团总团长，广州市文化局副局长。

张福伟：他是一级演员。你演的曹操是白面[①]，他演《蔡文姬》中的曹操，是为曹操翻案的，他演得很好。还有现代戏《红岩》中的许云峰也演得很好。

何　车：他是什么行当？

张福伟：他最初是演文武生的，年纪大了就转做团长、演武生。他不但在艺术上教导我们，在政治上也很关心我。我十二岁入剧团，很调皮的，我入剧团后才入少先队、共青团，最后成为中国共产党党员，都是峰叔培育的。我从演员到演员队长，到粤剧团的艺术委员会副主任、副团长，这些都是峰叔一手提拔。

第三个良师益友是龚平章老师，他是编剧、导演。他对我们说，做演员一定要热爱粤剧艺术这个事业，一定要有“三多”。我们就问什么叫“三多”。他说一是多看戏；二是多看戏剧的评论文章，看人家评论好在哪里，不好在哪里；三是多看其他演员创造角色的心得体会。另外龚平章老师还教我们戏剧的规律，“起承转合”就是他告诉我们的。他说，角色不分大小，不能看小那些小角色，一定要演好他。他在排练的时候，例如排练《杨门女将》《双结缘》，都很细致地教我们怎样掌握人物性格，怎样演得更加有光彩。我觉得他教过我们做戏之后，使我们的表演艺术产生了质的飞跃。

何　车：我看过龚平章老师的剧本，将很多粤剧艺人口传心授的东西，舞台实践的东西，提升到一个基本的理论层次。粤剧演员普遍都比较缺乏这种最基本的理论修养。比如你跟易日洪老师就学具体一招一式，但提升整个演员的修养和艺术素养必须有一个过程。你有幸得到三位老师的教导，一位是艺术上的开山老师，一位是政治上关心你的老师，还有一位是良师益友。

张福伟：还有第四个老师，就是我的大师兄李文广[②]，大家都尊称他为“广哥”。他在舞台上的形象是《智取威虎山》中的

① 以白色为主调色彩勾画的面谱，通常都是戏中的奸角，如董卓、曹操等。
② 李文广，广西梧州著名粤剧小武。

杨子荣、《封神榜》中的纣王、《雁翎缘》中的二花面徐世英，这些都演得很好，给我们留下了很深刻的印象。

何　车：我们看大师兄做戏，都可以“偷师”。你“偷”到什么呢？

张福伟：不应该说“偷”，他很认真教我的。他这个人很好，他在台下都整天穿着练功的衣服，左手拿红缨枪，右手拿排刀，勒着练功带，一天到晚在舞台上摸爬滚打，他对艺术的勤奋达到了痴迷的程度，对我影响很大。我认为他的身段和把子功在广西粤剧界是一流的。他的身段和把子功影响了梧州粤剧团整整一代人。他很无私地教导我，教我身段把子，我原来学花面出身的，他做人事科科长的时候，要排《小刀会》，派我演潘启祥，是小武行当，不同行当我当然害怕啦。他对我说：“福伟你不用怕，只要你肯学，我就会教你。”虽然话语不多，但我都记忆深刻。起码我通过勤奋学习，不但演好了潘启祥，而且身段把子又上了一个新的台阶，终身受益。

总之，这四个老师是我的恩人，你说我能够有一点成绩都是他们辛辛苦苦教育我的结果，我永远会记得这些导师。

何　车：你记性这么好，我想问问你记不记得有一次“鉴哥”上梧州看戏？

张福伟：“鉴哥”不是在梧州看戏，是在广州看《双结缘》，看完他认为这套戏很好，“双生双旦”①。罗品超说：“我记得这套戏有双生双旦，而且那只“老虎”②也很棒。”他上后台先看那只“老虎”。那只“老虎”就是李文广演的。

何　车：哈哈哈！我想引你讲这段古，哪有人看戏说一只“老虎”演得好，他怎么看到那只老虎的样子呢？原来“它”就是广哥。

张福伟：是啊，他武艺好。

---

① 指一套戏中有两位生角、两位花旦。

② 指在舞台上扮演出来的老虎。

何　车：演戏时我们看不到他的面目，因为套上老虎巴头[①]这样，都能看到他演得好。我们以前赞那些叔父，他们"脚趾公"[②]都有戏，有的背转身子也有戏。很多前辈演员没有什么理论，没有什么其他很高深的东西，但他们凭着自身的实践，有他们自己一整套的表演方式。

原来我很少看戏的，真对不起，因为我很怕看戏的，看完戏人家拿个麦克风让我说几句，自己才疏学浅，真的不知道说什么好。最近我看完戏总体感觉是现在的演员变成了"衣架"[③]，第一个是背书，第二个是穿着戏服，唱完对白就完了。我就想问问你的感受，广西是否也是这样的呢？现在你给年轻人教戏、排戏，如何让他们接受？

我昨晚还在看戏，觉得两个演员上去就穿件戏服，我就形容他们是"衣架"，穿了戏服不懂得表演不就是"衣架"吗？没有身段，没有表演不就是"衣架"吗？即便唱也没有感情啊，背书一样读完对白。什么是当今粤剧总体的表演潮流，广东与广西粤剧两者的艺术风格上有什么碰撞，我想听听你的看法。

张福伟：噢！这个我讲一下吧，1992年，香港政府举办了两广南派粤剧的会展。我们广西组团排了《七状纸》，这是粤剧传统排场戏，是粤剧传统的代表作，由当时广西当红的文武生欧小胡，就是现在红豆剧团的欧凯明主演。当时他在广西担文武生，到香港演出。《七状纸》有很多技巧表演，特别是有一个"大过山"[④]，要"爬竹升""金鸡独立""枱上曼子""吊发""耍

---

① 粤剧行话，"巴头"指扮演老虎时戴的虎头头套。老虎威风凛凛，粤语多用"巴闭"形容，所以称老虎为"老巴"，称老虎头为"巴头"。

② 粤语"脚趾公"就是脚趾头。这里指演员表演技巧出色，甚至脚指头都在表演。

③ 衣架一般用作晾晒衣服之用，这里讥讽某些演员表演时像挂着戏服的"衣架"，不懂演戏。

④ 传统粤剧表演排场，多是广东下四府和广西的戏班的小武行当表演，技巧难度较高，训练不易。

水袖”“甩水发”等技巧，在香港引起轰动。散场后，当时会展的艺术顾问香港中文大学梁沛锦博士说：“广东粤剧与广西粤剧有什么不同呢？广东粤剧就是唱戏，广西粤剧就是做戏。这些就是它们之间的区别。”我个人认为他说得对。因为广东粤剧的表演风格是注重唱，所以有很多腔，红腔、马腔、薛腔、虾腔、风腔[①]等等。（广东粤剧）它的群众基础很好，很多私伙局，所以很注重唱，我认为这也是对的。唱、做、念、打，始终以“唱”为先。我们广西（粤剧）的风格，我个人认为是以观赏性为主的表演模式，因为我们广西还保留很多以排场戏为主的古装粤剧，比如说南宁剧团的《七状纸》《泗水关》，最近新排了《西河会妻》，还有我们梧州粤剧团的《九宝莲》《双结缘》，这些都是以排场戏为主的大戏，戏里行当齐全，唱、做、念、打并重，用我们白话说是“有睇头”，是以观赏性为主的表演模式。

在我们看来，广东省、广州市的党和政府部门对粤剧非常关心，非常爱护，还有繁荣和振兴粤剧基金会的支持。《花月影》《碉楼》《刑场上的婚礼》，最近省剧院又排了经典的《山乡风云》，这些戏都取得了骄人的成绩，这些我们都看得见。我认为我们广西应该向广东学习，因为广东是粤剧的发源地，广州市是粤剧艺术的中心，这个是无须质疑的。我希望两广的粤剧互相交流，取长补短，为粤剧的事业贡献力量。我的想法是这样。

何　车：你说的这些观点我部分赞同，取长补短是对的。我觉得有一样东西，广西是值得我们学习的，这仅是我个人观点，非主流观点，那就是没有乱花老百姓的钱，不会排那些投入几百万，上千万但没有人看的戏 。我们这里有（花费）几百万、一千万的戏，没有人看的，卖不出票的，这是不值得学习的，那是面向领导的，因为不是面向老百姓的，老百姓是不会看这些戏，送票给他们也不看。广西没有这种现象吧？

---

① 粤剧流派唱腔，有红腔（红线女）、马腔（马师曾）、薛腔（薛觉先）、虾腔（罗家宝）、风腔（陈笑风）等。

张福伟：没有，因为它的经济（不允许）。

何　车：也不是啊。我觉得从某个角度来说广西投入资金排戏也很舍得（花费）的。我觉得最重要是始终以艺术为依归，不是文化部门的某个领导一拍脑袋说哪个题材好就排哪个戏，排那些不实际的东西。我觉得在这个方面我很欣赏广西的做法。

另外，刚才你讲到两广粤剧艺术风格的对比，我思考了一个问题，不知道能否和你交流。广东主要是“唱”，那些“口水歌”①就有很多人唱，西洋歌剧难唱就没什么人唱。粤剧同样是一个道理，虾腔、风腔、红腔很多人唱，但是你找唱得好的人是很难的，没有经过专业训练，没有经过像你这样几十年的锻炼，怎么做戏啊？但是业余用麦克风去卡拉OK唱粤剧很容易，唱得好不好是另一回事。但是演《七状纸》《九宝莲》就不同了。

张福伟：那些要专门训练啊。

何　车：对啦！所以有两种不同的走向。现在广西从某个角度来说，都开始有很多私伙局了，搞一些群众性的、普及性的工作。我觉得两广的艺术应该彼此逐步融合，逐步靠近。我们的（粤剧）传统，在广东已经丢掉七七八八。在广东找个演员出来，走个“水波浪锣鼓”②看看，找个花旦表演“打引锣鼓”③都难。为什么呢？我们全都不注重基本功的训练，而广西和我们有所不同。所以我很欣赏你刚才说的那番话，也很期待两广粤剧人多些交流，两种艺术风格逐渐融合，这是我们做这一行的人，特别是到我们现在这个年纪的人的一种期待。

讲了这么多以前的东西，讲一些离我们近一点的东西吧，对你来说，究竟做演员难还是做团长难呢？

张福伟：那当然是团长难做啦，老老实实说，真的很难做。

---

① 指在一段时间里，大街小巷，不停地播放，男女老少都会哼的那种流行歌曲，它不一定写得很好，但却很上口，容易被传唱。

② 粤剧常用锣鼓点。

③ 粤剧旦角上场常用的锣鼓点。

何　车：哈哈哈哈（大笑）！我想听你的甘苦。做戏就对着剧本，做团长还要管人，你管哪一方面呢？你管艺术还是管“行头”[①]？

张福伟：这个话题一下子我觉得……

何　车：其实你有切身体会的。

张福伟：有，但不知道应不应该讲。每个剧团都有很多“扭计”[②]的，做团长要想很多办法的。

何　车：是啊，有些人差不多上场前都要“扭”，真让你没办法，我做义务团长还要烦有冇“台期”[③]，如果没有“台期”，就算个个是红线女、马师曾都不行。排戏派你做“潘启祥”，你肯做，但另外一个配角就不肯演了，那又要做工作了，要说到他肯做。他不会演，又要教他懂为止。那时候有广哥教，现在就要你教了，我觉得你应该有很多这方面的感受。

我就想分两方面来谈，一来让以后做团长的人有所感受，二来让大家知道做团长不容易，他们不要搞那么多花样。你刚才说过，你小时候很调皮，我也是调皮出了名的。我记得我排戏的时候专门激导演，到我自己做导演就惨了，哈哈哈，自己遭报应了，就知道原来自己小时候是这样（调皮）的。这些东西对后辈也有启迪作用，所以我问这样一个问题，你做团长都应该有很多酸甜苦辣，搞不妥回家又不敢向老婆抱怨，谁叫你做的！哈哈哈！

张福伟：团长要办很多事，特别是分配制度，派角又怕得罪人，很多话讲不出来，后来自己做着做着也觉得怕了。

何　车：哈哈！讲起派角，心里不顺的那个人就会想，肯定是福伟派角色的，但实际上又不是。

---

① 指戏班的日程、演出日期。

② 广府俗语，意思是人闹别扭、不听话，同时有抠死理、刁钻古怪等多层含义。

③ 指演员演戏的日程和排期。

张福伟：没有可能每个人都满意的，是吧？

何　车：是啊。剧团这个圈子很多这些现象。别看做团长这么风光，不容易做啊。

张福伟：很难做！很难做！！

何　车：你是艺委又是团长，做了这么多，也是熬过来的。

你这些经历都很丰富。再问一个问题，你做戏的时候没有画画（这个爱好），怎么你退休的时候会画画呢？还要画两百多幅（面谱），很好玩吗？

张福伟：我退休后和我爱人去北京、上海旅游，在北京王府井、上海城隍庙那里，看到很多京剧面谱的工艺品，很受欢迎。我就想，我们粤剧都有很多面谱的，我做了几十年的戏，画了很多面谱，而且有粤剧的特色，不缺精品的东西，这么大的剧种，应该在戏剧面谱百花园中有一席之地，自己做了几十年花面演员，传承发展粤剧的花面我应该是责无旁贷的。

何　车：使命感？

张福伟：是啊。将它们画出来，留给后人参考，总算对自己钟爱的粤剧艺术事业尽一份力量，但是我不是专职画家。

何　车：你（以前）是画在脸上，不是在纸上。

张福伟：是啊，画在纸上，有一定难度。不过我不懂就学，不懂就问，有这样一种精神，孔子曰："三人行，必有我师焉。"我张福伟就说："愿教我者，是为师也。"我根据几十年的经验，由基础开始画，逐步走向成熟，我的退休日子充实很多。几个月后，广州粤艺发展中心邀请我来拍我十二三岁时学的戏，拍《芦花荡》《西篷击掌》《狄青怒斩黄天化》，后来拍了《牛皋扯旨》。在拍的过程中，我知道粤艺中心想出一本关于粤剧面谱的书，请吴粉超[①]老师来绘画。那时候吴粉超老师都八十二岁了，画了两个就走了[②]，最后没有成事。于是我就毛

① 吴粉超（1923–2005），原名罗镜清，粤剧演员，同时擅长粤剧化装。

② 这里指吴粉超老师逝世。

《粤剧脸谱谱式选集》封面

遂自荐，通过几次试画，就确定我做绘画主笔。有了出书的任务，我的积极性更加高了。白天我去书店、图书馆查资料，下午三点至五点就画面谱，整整三年，画了两百多个面谱，写了四万多字的面谱分析。

三年后，通过专家和学者的鉴定，要答辩的，问我来源在哪里，为什么要这样画，我就逐一解释。最后成书，定名叫《粤剧脸谱谱式选集》，2010年12月21日在广州首次发行。出书以后，2011年7月15日至20日由中共广西梧州市委宣传部、梧州市文广新局、梧州市文联，还有广州市振兴粤剧基金会，在梧州广西特委旧址为我举办了张福伟粤剧面谱花面人物肖像展，后来又在广西文化厅、中共梧州市党委、市政府举办的首届粤剧节中展出，有专家讲，我成为粤剧史上花面演员举办个人画展的第一个人。2012年到2013年，应广州邀请，在广州粤艺宝庆园、陈家祠、五仙观、广州白云国际会议中心举办了四次展览。2012年，我在《广东艺术》的第二期发表了一篇《独具魅力的粤剧面谱》，这篇是学术性的文章，我觉得总算为粤剧花面和面谱做了一些传承与发展的工作。

何　车：很感谢你！还想问你，在广东，我们小时候也对“表演排场”有接触，那么在你的成长过程中，粤剧南派的技艺、排场中，有哪些使你印象深刻？或者是你演过的，比如说“吐真血”，你做过没有？

张福伟：我会做。因为我是（演）张飞，我就找师兄弟一齐来粤艺中心拍了“吐真血”。

何　车：就是说你见过啦？

张福伟：何止见过，而且和他做过对手呢。

何　车：那“吊辫”[①]呢？

张福伟：听讲过，我们叫作“吊发”，柳州的余英英曾经表演这个技艺。不过我见他的时候，他已经不怎么能做了。

何　车：那肯定了，年纪稍微大一点也不能“吊辫”了。那“过山”呢？

张福伟：“过山”我有做过，也看过，这是小武行当的技艺。粤剧的四大绝活是“吐真血”“变脸”“跶烂台”“耍假牙”。我个人认为“吐真血”会伤肠胃。上午吃过早饭，就不能再吃饭了，直到晚上开锣鼓，喝一大煲苏木水，喝到饱为止。那个苏木水是红色的，一出拳，一打嗝，苏木水就涌上来，从口喷出来，散场后才可以吃东西，那的确是伤肠伤胃，所以很少人肯学。

第二个是“变脸”。老团长黎侠峰用气功，从颈部开始往上都是红的，但是我个人认为它是属于广场文化、庙会文化这一类的表演。这些地方没有灯光，一变脸就红色，当然看得到。现在的舞台很多色光，基本都搞不清楚，与四川的变脸不同，作用不是很大。

第三个是“跶烂枱”。我曾经想过找人再演，但是考虑后觉得不行，它的安全系数很低。1958年，那个“刘三”[②]最后一次在南宁表演“跶烂枱”，用三张高枱扎实，他在高枱上翻大翻跶下来，“啪”一声，现在看也觉得害怕。当时他也四十多岁了，至今没有人敢学。如果跶下来，断了手，断了腰怎么办？

---

① 表演特技，从舞台顶部垂下一条绳索，把它和花旦头上的辫子绑在一起，拉起绳索后花旦在舞台半空中表演。

② 刘三（生卒年不详），广西著名粤剧前辈，小武演员。

何　车：以前的叔父怎么不怕呢？

张福伟：唉！那是为了生存咯。

何　车：那时候也没有断手啊，而且以前没有那么多保护措施，现在还有海绵垫来保护。

张福伟：那时候我曾经把海绵绑在手、脚这些地方，但也没有人敢学。你说买保险，那些也是不实际的。

第四个是“耍假牙”。我认为比较实用点，将假牙收起来伸出去，而且安全系数也可以，我认为这个一定要传承下去。

何　车：同样是难（传承）的，福伟兄。

张福伟：为什么呢？

何　车：我在中央台都见过练假牙，有个小女孩，耍八只假牙，她不是粤剧演员。练的时候练到嘴巴都肿了，那倒不如唱戏，为什么要搞到嘴巴都肿了？比“跶烂台”更难啊！

张福伟：所以就要有一批为粤剧事业献身的人啊！

何　车：快绝种了！

张福伟：真没有人传承下去啊。所以专家就说，绝活不能搞到它“绝”，要起死回生。我希望粤剧有人练“耍假牙”。还有一个就是刚才说的《七状纸》的技巧和绝活，“爬竹升”“大过山”“耍水袖”“甩水发”“高枱曼子”等等，这些都没有人敢做，我建议这些要尽快抢救和传承。

何　车：那时候“大过山”有没有穿高靴表演的？

张福伟：是穿高靴的，当时是欧小胡演的，这是粤剧小武行当四个大戏之一，做小武一定要会这些戏。

何　车：刚才你说这些是你几十年来亲身经历的、见到的、听到的南派武技，我们常说振兴粤剧，其实并没有振兴粤剧，花了这么多钱，做了这么多工作，是振兴了“京剧粤唱”。中国长江以南是演上海越剧，长江以北是演京剧，我们说这是戏曲的“同质化”。除了方言、板腔之外，表演上毫无剧种自身特色，你刚才说那些就是粤剧的特色了，但是没有人学。

张福伟：我认为现在戏曲的弊端是共性太多，个性不足。现在粤剧的武器全部都是京剧的，“小快枪”“大快枪”[①]那些都是学京剧的。

何　车：最近我看了一部《芦花荡》打“小快枪”，听过吗？

张福伟：没有听过啊！

何　车：真厉害啊。我一看，传统南派粤剧怎么会打北派“小快枪”呢？

广州粤艺发展中心抢救拍录传统剧目《牛皋扯旨》，张福伟开面饰演牛皋

张福伟：那些是笑话来的。

何　车：我就想说现在不是振兴粤剧，是振兴京剧的“粤”唱！

张福伟：还有，现在的粤剧花面全部都照京剧的化装，用京剧的脸一贴上去就搞掂了。粤剧要振兴，要向京剧和其他剧种学习，取长补短，但是不能忘记粤剧南派把子有几十套，粤剧面谱都有两百多个，再加上粤剧有很多优秀表演程式的组合，比如说“胜者下场”等于京剧的“下场花”，有“败者上场”，这些都

① 京剧基础把子套路。

很有粤剧特色的。还有一个是我们粤剧特有的，“男有小跳分大小，女有小跳和拗腰”[①]，这些都是很宝贵的遗产，很值得粤剧青年艺员学习、研究、传承和发展。

何　车：我觉得你现在讲这个有点过时了，现在我们每年都组织一大批演员去北京学粤剧，学完回来是研究生、博士，却不会演戏。我们对着镜头讲这些也没有用。其实每个剧种要生存下去必须要有自己的特色，做人也是一样，你讲乜嘢我就跟住讲乜，不如不讲了吧。

张福伟：但全国都是京剧样板戏似的。

何　车：“指引我们前进方向”[②]？

张福伟：是啊！接着我们又讲回白话了。

何　车：哈哈！有一样东西我很欣赏，你这么多年在广西的一个粤剧重镇——梧州，坚守着一份对粤剧的热爱，挖掘粤剧很多传统的表演技艺、排场、剧目，这一点很值得我们学习，这方面我很钦佩你所做的努力。你现在年龄也不小，和我一样是70后[③]了，在可预见的将来，有什么打算呢？还想不想演戏啊？哈哈。

张福伟：戏就不演了。主要是传承，最近经过上级批准，潘楚华和我成为梧州粤剧的传承人物。我就想，应该做两件事。

第一，我是花面演员，画了两百多个面谱，应该将两百多个精简到一百个，将好的、精品的拿出来画盔头、画须口、画服装，甚至拿什么道具，拿什么把子，都画出来，所以叫作粤剧花面人物肖像百福图。现在我就画了几十个，不管能不能出书，我都要弄好它，目的只有一个，就是告诉青年艺员水有源，树有根。至于怎样改革、发展那就是另外一回事。更加形象立体将人物画出来，这是我第一件想做的事。

---

① 这是学者对粤剧基础程式的总结表述。

② 当年粤剧演出“样板戏”演出时前一句用普通话，后一句用广州话，所引发的笑话。

③ 这里是戏言，并不是指20世纪70年代出生的人，是指年龄已经超过70岁的人。

第二，广州粤艺发展中心拍了很多排场戏，下四府拍了录像，我们广西也拍了《七状纸》《双结缘》《九宝莲》那些排场戏。有时候青年演员就问我："张老师，那些排场是从哪里开始到哪里结束的啊？不是全套都是排场吧？"所谓排场是固定的表演程式，青年演员说看不明白。我就想，他问得好，这是我们要做的工作啊。因为没有文字解释，不可能全套戏都是排场。什么叫作"金鸡独立"，什么叫作"孖公仔"[①]，什么叫作"爬竹升"，什么叫作"须发同耍"[②]，那些是比较高难度的技巧，所以一定要有文字解说，要做这些工作。这个工作量比较大，我粗略地计算，拍了大概100多个排场，有些是重叠的，应该做这些文字解释工作，否则日后我们都走了，剩下的人都糊里糊涂的。但是我一个人势单力薄，而且见识有限。最好有蔡老师你牵头，组织一个班子来攻这个难关，将这些整理好，可以说功德无量，而且很容易行得通的。我个人认为要做这两件事。

何　车：我有个想法或许可以建议给你，刚才说你和潘楚华两个做梧州粤剧的传承人，我觉得很对的。老实说，现在华姐的社会名望，没有人可以超过她了。你们两个做这个工作很适合的，我特别注重"传承人"，要将艺术传，还要承托，除了将古老的东西传承，我觉得你们还有一个任务，就是要发展。为什么现在粤剧对传统技艺和艺术这么冷漠呢？我觉得有一个与时代结合的问题，与社会结合的问题，与观众的欣赏情趣结合的问题。还有地域，广西的观众与广州的观众不一定喜欢同样的戏。有时候是场内开花，场外香，如果那个《女驸马》[③]不是在广州走红了，在梧州是不会很红的，是吧？

张福伟：是啊！

何　车：在广州演红了，大家在梧州看戏都要点这个戏。刚

---

① 粤剧表演程式，两位演员面对面四手同扣，不断地转圈，谓之"孖公仔"。

② 指演员同时表演甩发和耍须，表演难度较高。

③ 根据同名黄梅戏移植改编剧目，1979年由梧州粤剧团首演，潘楚华、郭莹主演。

开始在广西上演的，但是没有走红。就是说各地的欣赏习惯、审美习惯有一些区别，（这些区别）更加寄望你们（能做点工作）。梧州还有一批叔父，我觉得你可以将你的想法和他们沟通，现在梧州市文广新局、宣传部请你们做传承人，除了将旧的东西传承，将你在剧中运用的古老技艺与现代的意识，现代的观感结合起来。特别是那些你们艺术生产单位经过实践容易做得到的。有时候不一定对，或者做了会被人骂，其实凡是改革者都会被人骂，历史上商鞅、王安石等改革者甚至被诛，在中国都是这样。薛觉先也被人骂“罪人”。为什么我讲这个话题呢？你在广西剧展的时候，教小朋友甩白水发、耍白须，那绝对是传统中没有的，我们就只有“头套”①，哪有白水发、白须。不管对不对，起码你敢这样做。这就是技艺上的提高。

张福伟：这个实际上是发展。

何　车：对了。我觉得你可以将这一部分的精力放在这方面，与现在的审美习惯、审美技巧、社会的思维结合一下。

张福伟：这个实际上涉及戏剧的美学观点，什么叫作美，都很值得探讨。

何　车：刚才你说了“吐真血”不可以用了，“跶烂枱”又没有人肯学，“变脸”又不可行，“耍牙”又弄到嘴巴肿，以前的传统技艺在现今舞台是行不通的，现在用什么来代替它们呢？我们现在不是要学前辈具体的一招一式，而是我们要学习前辈的创作方法。这些重任应该是你和潘楚华要承担的。

张福伟：谈起这个，我曾经想过，我排练传统折子戏《碰碑》，杨继业须发同耍，冲过去撞碑的时候，我叫他后趴虎转体一百八十度扭跶背，这个也是发展了。

何　车：别说传统前辈了，那时候你们学，也没有后趴虎转体吧？

---

① 发式的一种，用布料按演员头形缝制的一个布套。因要套戴在演员的头上而得名。

张福伟指导学生排练

张福伟：是啊，现在的年轻人可以做到。

何　车：所以时代不同了，技艺都发展了。所以我很寄望于你和楚华多做一些这方面的工作，才可以比较直观，比较直接使我们的后辈受益，将粤剧传统的创作方法传承下去。我觉得每一辈的艺人都应该有他们自己的东西补充，这样才有发展，总是以前的旧东西那怎么发展？之前我与叔父们交流，我就叫他们不要再提“原汁原味”了，薛觉先是传统还是李文茂是传统？哪个才是传统？传统要传得下来才可以“统”啊！

福伟兄你是梧州粤剧的一员，梧州是粤剧很重要的棋子，是重镇。抗战的时候造成梧州粤剧畸形的繁荣，马师曾、红线女、关德兴等很多名演员都去了梧州，推动了梧州的粤剧发展，就是他们去了才建了“八和会馆”的。虽然梧州不是省会城市，但梧州应该有一份担当。这是寄望于你们的，哈哈哈！

张福伟：尽量啦！呵呵。

何　车：不是尽量啊。一是你有这份心，二是你有条件，应该还有一批很热爱粤剧的观众。最近我去了梧州，觉得挺厉害的。那天晚上，有来自贺州、南宁、江口、肇庆、桂平的演出。

张福伟：那些全部是发烧友、私伙局。

何　车：这么多人聚在一起，只是私伙局而已。所以我觉得只要我们领导关怀一下，支持一下，我们粤剧是大有可为的，特别寄望于梧州。

我们说粤剧起源于佛山，不是在广州。广州是清代末期的政治文化中心，管治严苛，“外江班”[①]称王。但在佛山就管得没有那么严了，粤剧就在那里可以繁衍生息了。

你说粤剧以广州为中心，梧州就有自己发展的空间，没有受到严重的制约，主流思想没有贯彻很深，还允许艺术上的自由。艺术最需要是自由的思想，没有自由就不可以做下去。自问我自己写了这么多曲，写了这么多戏，我没有直白地说过一句“中国共产党万岁！”但是党最喜欢我这种表达方式，为什么呢？你何必天天说中国共产党万岁呢？讲这个盛世给我带来的幸福感就行了。我希望你画的两百多个面谱，现在你再画一百个，希望这些可以传承下去。

张福伟：希望吧！

何　车：你不会画一个杨子荣的花面出来吧？哈哈！要发挥艺术个性，这样才没有什么束缚，才能发挥你独有的艺术想象力。我很欣赏你这一点，福伟兄，冀望梧州能有这样的发展。

张福伟：我还有一点忧虑，我发现粤剧的剧团普遍以生旦戏为主，那些花面、丑生、老旦残缺不全，或者是到了弱化的地步，这的确让我很担忧。俗话说，牡丹虽好，但也要绿叶扶持。现在都是以生旦戏为主，其他全部变成大配角了，不像以往有丑生担班[②]，现在没有了。但是大配角也很重要，如果大配角水平不好也不行。我觉得应该注重培育花面、丑生、老旦，不能将他们弱化，只有强强联合，才能提高剧团的档次和演出水平。

何　车：这些是你在研讨会的发言。

张福伟：我现在是在提醒粤剧的领导者。

---

① 指从外省来粤演戏的戏班。

② 指依靠有名气的丑生演员担纲的戏班。

何　车：那只能说说而已。我想说现在粤剧拿了那么多“梅花奖”，有哪一个演员不是生旦？京剧演员尚长荣[①]三度获得梅花奖，他是演花面的，朱世慧[②]“二度梅”，是丑生，他们与粤剧不一样，这牵涉到社会问题，有功利上、行政上、文艺政策上很多复杂的问题。我们只能做我们力所能及的事情，甚至可以说是做别人不做的事情，做其他人做不到的事情。我就画不了那些面谱了。我们站在自身角度，做好我们自身本职的工作就可以了。用我的话来说，粤剧养了我几十年，我也有责任和使命来回馈它，世事只能够尽力而为啦。没有那么多牢骚，也没有那么多冀望去改造这些现象。你刚才说那些话，在研讨会上不断地谈，相关的文章都可以堆到这么高了，但没用的！我说可以寄望于梧州，就是因为这个原因，你还可以做这个事情，比如说，你可以排出《双结缘》《九宝莲》，试试在我们这边写这样的戏，排不排呢？我这里会写《刑场上的婚礼》《南越宫词》《孙中山与宋庆龄》，但现代戏也是生旦戏，其他角色仅在舞台上出来一下而已，观众去趟洗手间就见不到了。陈炯明[③]这么大的对立面的角色，去趟洗手间就不见了，前后不到两分钟。

张福伟：都没有用武之地。

何　车：是啊！以往写戏可以很多人出场，双生双旦、边、色、武、小、丑，须挂红黑白[④]，这样才有看头的嘛。从观赏性来说，如果脱离了戏剧艺术的本质，那就是另外一回事了。我用非主流的话语来说，现在我们就是在看歌剧，我们做的戏就像歌剧，没有板腔，基本上都是小曲。

---

① 尚长荣，上海京剧院著名京剧演员，曾任中国戏剧家协会主席。

② 朱世慧，著名京剧丑角演员。

③ 陈炯明（1878—1933），民国初年粤系军阀将领。

④ 粤剧行话，称赞别人技艺全面，边指网巾边；色指脚色，后指文武生；武是武生；小是小生；丑是女丑；挂红须演二花面、六分；挂黑须则演传统正生行当；白须则是总生和公脚。

导演排戏可以这样，让这个角色说一句，让那个角色说一句，下面再叫音乐唱腔设计补一段音乐，那些不是曲，是粤语歌。要保留粤剧艺术的特质和特性，经常说振兴粤剧、繁荣粤剧，繁荣什么？十个字："什么是粤剧？粤剧是什么？"要解释好。你那些面谱是粤剧，只有粤剧才有的。全国的青面兽杨志[①]面谱都不像我们粤剧那样的，那个面谱是全绿色的。我要跟你说句"谢谢"！全国的曹操面都不是这样的，都是画幼边，打白脸，垂眼睛。粤剧那个眉毛是这样提上去的，这就是粤剧特色！

张福伟：粤剧特有的！

何　车：是啊！新中国成立后，梅兰芳来广州平安戏院看戏，走到门口，拉着佳叔问，他是不是走错戏院，为什么戏中打京锣鼓。他的印象中粤剧是打大锣鼓、高边锣、文锣的。他以为这里做京剧。这个问题不是我们先发现的，我们的戏剧大师梅兰芳早就发现了。现在特别可贵的是广西、下四府，保留粤剧传统的东西比较多。我不是说凡传统的就是好的。"老"的不一定是

张福伟（前右）、何车（前左）与《访谈录》编务组工作人员合照

① 《水浒传》一百零八好汉中的一位，绰号"青面兽"。

"艺人"，"企人边"①的都有，我寄望于你们，同时希望你，第一，保重身体，有身体才能办好事情；第二，为粤剧做更多力所能及的贡献。多谢福伟兄！

访谈感悟

前几年看过张福伟老师表演的"变脸""耍牙"，令我印象深刻。很荣幸能够参与这次张福伟老师访谈录的文稿整理，他是著名的粤剧花面演员，给人的感觉也极具花脸人物的艺术特色。眼前这位直爽豁达、音色洪亮的老人家谈吐诙谐幽默，平易近人，和我们分享着他的儿时趣事、从艺经历和面谱人生。

张福伟老师入行以来一直活跃于粤剧舞台，退休后，仍然孜孜不倦地研究粤剧美术，运用自己几十年的粤剧表演经验，精心绘制粤剧面谱，向后人展示独具魅力的粤剧面谱，为梧州粤剧文化传承留下了宝贵的历史资料。张老还致力于粤剧传统文化的抢救和传承工作，为粤剧艺术事业和青少年艺术教育贡献力量，十分难得。他的真诚与坦率，他对粤剧面谱艺术的执着追求的精神，值得我们年轻人敬仰和学习。

邓嘉焕

① 这里是戏言，所谓"企人边"指"伪"，"伪"与"艺"粤语同音，故借此讽刺某些艺人是"伪人"。

后记

《粤艺访谈录》能够编撰成书，呈现于广大读者眼前，有赖于每一位接受采访的老前辈和老艺术家的理解、支持和配合。他们敞开心扉，情真意切地与我们分享一段段难忘的经历和往事。借此，让我们怀着崇高的敬意对他们致以最衷心的感谢！

本书以访谈形式收录了受访者的口述内容，同时配上富有历史印记的插图，翔实丰富，让我们能从多角度了解粤剧界过去的生存状况和发展脉络，对振兴和发展当今粤剧事业有一定的参考和启迪作用，同时有助于保护、传承粤剧传统文化艺术。

本次编辑出版工作得到广州市文化广电新闻出版局、广州市振兴粤剧基金会的关心指导和大力支持，一批经验丰富的老艺术家、专家学者携手广州粤艺发展中心的年轻工作者怀着对粤剧深厚感情，在拍录、整理、撰写的过程中，不辞劳苦，使丛书编辑出版工作得以顺利推进。同时《粤剧大辞典》为编辑校对提供了有力专业的依据，在此一并表达最诚挚的谢意！